Faça do ALIMENTO o seu MEDICAMENTO

Previna doenças

OBRA COM EMBASAMENTO CIENTÍFICO • QUALIDADE •

Dra. Jocelem Mastrodi Salgado

Profª Titular na Área de Nutrição Humana da Escola Superior de Agricultura Luiz de Queiroz (Esalq) da Universidade de São Paulo (USP)

Faça do ALIMENTO o seu MEDICAMENTO

Previna doenças

Ediouro

Capa
Suria Scapin

Imagens da capa
Dreamstime.com, Hemera images e Sxc.hu

Ilustrações internas
Otono Gali

Preparação de texto
Tuca Andrade

Revisão
Rita Sorrocha

Produção editorial
S4 Editorial

DADOS INTERNACIONAIS DE CATALOGAÇÃO NA PUBLICAÇÃO (CIP)
(CÂMARA BRASILEIRA DO LIVRO, SP, BRASIL)

Salgado, Jocelem Mastrodi
Faça do alimento o seu medicamento : previna doenças / Jocelem Mastrodi Salgado. — São Paulo : Ediouro, 2008.

Bibliografia
ISBN 978-85-00-02331-6

1. Alimentos funcionais 2. Hábitos alimentares 3. Nutrição 4. Saúde - Promoção I. Título.

CDD 613.2
08-01584 NLM-QU 145

Índices para catálogo sistemático:

1. Alimentos e saúde : Nutrição aplicada : Promoção da saúde 613.2
2. Saúde e alimentos : Nutrição aplicada : Promoção da saúde 613.2

Ediouro

Rua Nova Jerusalém, 345 – Bonsucesso
Rio de Janeiro, RJ – CEP 21042-235
Tel.: (21) 3882-8200 Fax: (21) 3882-8212/8313
www.ediouro.com.br

Dedico esta coletânea de artigos ao meu esposo Clélio e aos meus filhos Thiago, Fernanda e Amanda. Obrigada pelo companheirismo, pela paciência, pelo incentivo e apoio.

E às pessoas que fazem parte da minha equipe de trabalho e pesquisa, muito obrigada a todas!

Sumário

Saudação

Professora Jocelem,

Parabéns em meu nome, em nome da Fundação de Gastroenterologia e Nutrição de São Paulo — Fugesp —, da qual sou presidente, parabéns em nome da Disciplina de Gastroenterologia da FMUSP, da qual sou professor titular.

Seu livro é absolutamente único, não apenas pelas características intelectuais e dos títulos acadêmicos da autora, mas porque consegue abordar, com alegre eficiência, a importância do estilo sadio de vida, *não desvinculando a mente do corpo ou, na sua própria expressão, não separando a alma do corpo.*

Ensina a comer.

Longa é a trajetória da humanidade para desenvolver-se na área da alimentação, iniciada obviamente pelos mais primevos. Sem a nutrição os homens teriam desaparecido. Essa trajetória, contudo, longe está de seu ápice de desenvolvimento, e seu livro ensina a nutrição para o homem do século XXI. É preciso atualizar-se em termos de século XXI.

Seu livro consegue passar o conhecimento essencial das mais modernas bases científicas da nutrição, culminando no conceito de "alimentos funcionais", tema de sua predileção e pedra angular do seu livro. Conceitua alimento funcional: é aquele que, além de nutrir, preserva a saúde e contribui para a cura de doenças, podendo, em algumas delas, ser o único e decisivo tratamento. Exemplifica, na doença celíaca, a condição em que a dietética é curativa e única.

Aborda o câncer, os agentes cancerígenos e o papel da nutrição na prevenção e suporte do tratamento do câncer de estômago, dos cólons, das mamas etc. Volta-se para a nutrição na infância, na adolescência, do adulto e do idoso. Analisa a obesidade e seu manejo, dando ênfase à doença que é em si, e às fatais moléstias que traciona.

Encara a importância da alimentação na saúde intestinal.

Não descuida do exercício físico, do repouso e do sono.

Entra no tema dos hormônios vegetais, fitoestrógenos, pontuando-lhes o valor, tendo por base a moderna biologia celular, quer nas passagens etárias, *como a menopausa e a andropausa, quer em relação ao câncer de mama e ao de próstata.*

E tudo isso em linguagem cientificamente compreensível, literalmente clara, ao mesmo tempo cheia de encanto, com toque de alegre sensibilidade à literatura. Já na beleza da capa, que soube escolher, pressente-se o gosto — seria melhor dizer o paladar — do rico conteúdo do livro.

Diz assim, por exemplo: "E a alegria é um tempero fundamental para nossa saúde".

Parabéns, professora, por presentear a cultura brasileira, os estudiosos e toda gente com a preciosidade de seu livro.

Antonio Atílio Laudanna
Presidente da Fundação de Gastroenterologia e Nutrição de São Paulo — Fugesp — e professor titular da disciplina de Gastroenterologia da FMUSP

Prefácio

O livro que vocês têm em mãos é uma janela de surpresas para os pequenos e grandes prazeres das nossas vidas. É outro lado da pesquisadora Jocelem Mastrodi Salgado, professora titular de Nutrição Humana da Esalq — Escola Superior de Agricultura Luiz de Queiroz — USP. A professora Jocelem é conhecida por suas pesquisas e pela sábia relação que cultiva entre o laboratório e o bem-estar das pessoas.

Este trabalho consiste em uma série de artigos escritos especialmente para o nosso cotidiano. A meticulosa cientista, que obteve o título de doutora graças a incontáveis pesquisas, transfere para estas páginas soluções para os desconfortos do dia-a-dia com sugestões práticas que podem evitar o recurso aos remédios.

Jocelem selecionou os males que freqüentemente nos afetam e se dedicou, com especial bom humor, a oferecer dicas e a esclarecer o que acontece e o que pode ser feito.

Assim, nesta viagem pelo cotidiano do "bem-estar-mal-estar" das pessoas, o leitor encontrará uma série de pontos que têm muito que ver com sua saúde, sua disposição e seu bom humor.

Jocelem ocupa o mais alto posto na sua carreira. É capaz de discorrer, na condição de especialista e pesquisadora, sobre os benefícios e malefícios desta ou daquela conduta alimentar. Mas ela lembra com vigor que em nenhum momento suas informações ou sugestões substituem o diagnóstico de um médico:

"Meu papel é tentar evitar que você fique doente. Quando isso acontecer, procure um médico. Ele saberá como cuidar de você".

A trajetória da professora Jocelem sempre esteve ligada à preocupação com a nutrição e a saúde. Em junho de 1999, ela retornou de um simpósio mundial na Finlândia em que o tema era a "prevenção das doenças pela alimentação". Havia representantes de trinta e dois países. Jocelem era a única da América Latina.

Dois meses depois ela lançava uma cartilha, distribuída gratuitamente, cuja proposta era "uma vida melhor com a ajuda dos alimentos". No seu cardápio estavam desde os peixes de águas profundas até a soja, o tomate, o brócolis, entre outros.

O assunto não era novidade para a professora. Na Esalq, ela já se dedicava havia vinte anos à pesquisa dos benefícios da alimentação na saúde das pessoas.

Tornou-se pioneira no Brasil no estudo dos alimentos funcionais, aqueles que, além de nutrir o organismo, protegem contra determinadas doenças. Foi a primeira no país a defender as funções preventivas de alimentos, como os compostos extraídos de grãos, e a estudar os efeitos das substâncias da soja na menopausa.

Reconhecida no meio acadêmico, Jocelem foi personagem de incontáveis reportagens de jornais, entrevistas em rádio e programas de TV. Nunca perdeu suas características mais marcantes: a simplicidade, e a vontade de participar de um projeto que pudesse ajudar as pessoas a viver melhor.

Ao longo de mais de vinte anos de pesquisa nos laboratórios da Esalq-USP, ela chegou a algumas fórmulas de nutrição que beneficiaram pelo menos quinhentas mil pessoas. Jocelem nunca se conformou com trabalhos que, depois de aprovados com louvor, eram esquecidos nas gavetas.

"Meu compromisso é também com as pessoas, não só com os arquivos e bibliotecas", ela costuma dizer. "A Universidade, que é custeada por todos nós, me paga para devolver algo de proveitoso para a vida das pessoas."

Embora o trabalho da pesquisadora Jocelem tenha começado duas décadas atrás, foi só no início dos anos 90 que seu nome ficou conhecido na mídia. Nessa época, anterior ao coquetel antiaids, que deu nova vida aos doentes, a maioria das vítimas da doença morria acometida de infecções oportunistas. Sem se alimentar, elas perdiam toda e qualquer chance de resistir. Jocelem criou um composto à base de proteínas vegetais que podia ser administrado oralmente ou por sonda, e que foi empregado em um hospital de Piracicaba. O composto, denominado Suprinutri, proporciona o aumento de meio quilo de peso por semana, ou seja, dois quilos em um mês, e isso muitas vezes pode ser significativo em indivíduos com o organismo debilitado. Os relatos foram tão significativos que levaram o nome de Jocelem para a mídia.

O resultado dessas pesquisas está servindo de base na preparação de compostos para pessoas idosas e crianças que buscam uma alimentação mais saudável.

A maior descoberta da pesquisadora Jocelem, no entanto, foi realizada no campo da reeducação alimentar e da perda de peso. Seu desafio e de sua equipe era encontrar uma fórmula que pudesse trazer o organismo ao seu peso saudável, sem regimes de fome e com receitas que fizessem parte do cotidiano, em casa ou no trabalho. Nasceu daí um composto alimentar à base de proteínas vegetais, consumido por mais de trezentas mil pessoas e hoje comercializado com o nome de Sanavita (vida saudável). Durante muitos anos, o composto era encontrado apenas nas farmácias da USP.

O complemento criado pela professora veio apenas confirmar uma de suas teses antigas: a de que sem reeducação alimentar não há possibilidade de obter um corpo saudável. Jocelem levantou a bandeira da idéia de que era preciso modificar os hábitos alimentares para obter qualquer mudança na saúde e no perfil dos nossos corpos.

Sempre condenou os regimes rigorosos que levavam a uma brusca perda de peso e cujos quilos retomavam semanas depois. É crítica feroz das promessas das dietas e diz que a única saída para perder peso e mantê-lo em níveis saudáveis é a adoção de novos hábitos alimentares. Drogas seriam apenas forma de iludir as pessoas, que, ansiosas, voltariam a comer mais do que antes.

Neste livro, cuja pretensão é apenas proporcionar bem-estar, a professora Jocelem revela-se uma pesquisadora que sabe transformar os conceitos teóricos da Ciência da Nutrição em benefícios práticos a favor da saúde da população. E é isso mesmo que estamos buscando: a companhia de uma cientista que possa estar ao nosso lado na cozinha, fazendo do nosso alimento... remédio.

O editor

Nota da autora

Quase todos os artigos desta coletânea foram publicados por mim na Agência Estado e no *Jornal de Piracicaba*. Sofreram algumas modificações, porque os textos escritos no calor do fechamento dos jornais perdem, às vezes, o charme dos escritos bem-cuidados, embora conservem a franqueza das queixas do corpo e da alma.

O que me fez aceitar o desafio de escrever para publicações que desaparecem com os papéis "que embrulham a carne do açougue" foi justamente a noção de temporariedade de todos nós. Nós passamos depressa, mas não queremos nos sentir assim, tão descartáveis. Queremos e temos o direito de nos sentir de outra forma.

Não há fórmula alguma para atender a esse desejo. Entretanto existem truques e estratégias, crenças e aspirações que nos fazem sentir felizes e em segurança. E estar seguro e bem com o nosso corpo é uma forma de nos aproximarmos desse desejo.

Não imaginem que as páginas que vocês vão folhear formam um receituário de poções. A única mágica nesta pequena coletânea é acreditar no mais simples e imperativo dos sentimentos: o nosso desejo.

Para escrever este livro, percorri dezenas de publicações, me vali do aprendizado de duas décadas e deixei minha mente "passear" e questionar. Ao longo de mais de vinte anos, sempre fui uma habitante solitária e inquieta dos laboratórios da Esalq-USP, de Piracicaba, onde sou professora titular de Nutrição Humana.

Nunca me contentei em amarrar minhas pesquisas e achados em maços de anotações que seriam rapidamente esquecidos e tomados pelo pó. Foi dessa inquietação que nasceram meus contatos com a mídia e a divulgação de fórmulas nutricionais que beneficiaram milhares de pessoas.

Meu nome sempre foi associado aos alimentos funcionais, termo que identifica aqueles que, além de nutrir nosso organismo e dar a sensação de saciedade, são capazes de nos proteger e prevenir de incontáveis doenças.

Nasceram daí formulações capazes de ajudar organismos que não conseguiam ganhar ou perder peso, por mais que se esforçassem.

Sempre dediquei especial atenção a esse universo de pessoas que sofrem com o excesso de peso, padecem com a balança e se sentem infelizes toda vez que se olham no espelho. Os relatos que recolhi mostram indivíduos tensos, que experimentaram todas as receitas e sofrem ao conferir os quilos.

Este livro não pretende se limitar a dicas para perder peso, mas a ser um manual que permita melhor convivência com seu corpo. Fazer as pazes com ele é um passo importante. O restante virá aos poucos.

Nestes trinta e um capítulos você encontrará sugestões para lidar melhor com seu intestino preso ou com a azia que o incomoda, encontrará orientações sobre a alimentação dos seus filhos e transformará a ida à feira em prazerosa descoberta. Vai conhecer os benefícios do tomate para o combate ao câncer de próstata, saberá a importância da soja, especialmente para mulheres na menopausa, conhecerá os "milagres" do alho, aprenderá a dormir melhor, saberá lidar com a hipertensão e a osteoporose.

Espero que minha missão como professora titular de uma universidade que está a serviço das pessoas — a Universidade de São Paulo — esteja parcialmente cumprida com este livro. E não termina aqui: em tempos globais, meu e-mail vai permitir que continuemos em contato: jmsalgad@esalq.usp.br.

A autora

1

Reeducação alimentar, o prato da moda

Perder peso aos poucos é bem melhor e mais saudável do que se atirar a um regime devastador

Estudos realizados pelo Hospital das Clínicas de São Paulo vêm mostrando que mais da metade das pessoas que fazem regime passa boa parte da vida adulta tentando emagrecer. Muitas delas, pelo menos 40%, disseram ter começado e parado regimes e dietas por mais de seis vezes, algumas até dez ou quinze vezes.

Para essas pessoas, a vida se torna um penoso ciclo que começa com regime rigoroso, acaba caindo nos excessos da comida e termina com sentimentos de culpa. Até que surge a promessa de um novo regime, e tudo recomeça.

É muito sofrido levar uma vida assim. Num momento, a pessoa se sente infeliz porque não está comendo o que gostaria. Em outro está arrependida porque voltou a comer o que tinha prometido não comer. No final, o corpo e a alma acabam sofrendo, e a tendência é cuidar exclusivamente do corpo, com dietas imediatistas e muitas vezes enganosas.

De um lado, o "efeito sanfona", o engordar e o emagrecer, é processo prejudicial à saúde. De outro, essa sensação de derrota e impotência deixa a pessoa triste e com a auto-estima baixa.

Essas dietas são ainda mais prejudiciais quando associadas com medicamentos, aqueles inibidores de apetite que deixam a pessoa agitada e criam dependência. Depois de tentar várias vezes, a maioria daqueles que querem emagrecer acaba apelando para os remédios, em geral sem acompanhamento médico.

Sem fantasia

Por causa de todos os efeitos danosos advindos de uma má orientação, vêm crescendo no mundo todo as correntes contrárias a essas práticas. A Abeso — Associação Brasileira para o Estudo da Obesidade — lançou campanha pregando o fim das dietas e dos regimes. É o tipo de campanha à qual todo obeso gostaria de aderir. "Ah, como a vida seria boa se não tivéssemos que ficar controlando as calorias que ingerimos e os quilos que ganhamos!"

Mas isso é fantasia que só vai levar a mais frustrações. O que eu defendo é a substituição de dietas e regimes pela reeducação alimentar. Este termo virou uma espécie de prato da moda dos regimes, mas eu e minha equipe na Esalq pregamos isso há mais de dez anos.

Reeducação alimentar significa adotar novos hábitos de alimentação, o que não é tão simples como pode parecer. Cada um de nós traz de casa uma série de práticas alimentares, hábitos e costumes ligados à comida que aprendemos com nossos pais e avós. Além disso, somos submetidos à mídia, especialmente da televisão, com propagandas cheias de cores e "sabores". E nós, como nossos filhos, adotamos o hambúrguer, o cheesebúrguer, o cheese-isso, o cheese-aquilo, o *fast-food* regado a catchup e maionese. Quem resiste a um "quarteirão com queijo" com as bordas escorrendo?

Pois a reeducação alimentar consiste em substituir essas tentações por pratos balanceados, equilibrados com saladas, grãos e um pedaço de carne magra. Nem precisamos fugir do sanduíche, da feijoada ou do torresmo em fins de semana. Força de vontade é sempre necessária, mas é preciso não transformar os novos hábitos em algo sofrido e desagradável. O importante é acostumar-se no dia-a-dia a uma refeição completa para manter nosso organismo funcionando bem e com a menor quantidade de calorias.

Por exemplo, não é nada complicado montar uma refeição saborosa e que sacie nossa fome com um máximo de 1.500 calorias diárias. Normalmente, as pessoas adultas ingerem de 2.000 a 3.000 calorias por dia. Se você não faz atividade física suficiente para queimar tantas calorias, vai acabar engordando mais ainda.

Para quem quer perder peso mais rapidamente, é possível baixar o consumo de calorias para 1.200, desde que os pratos sejam bem equilibrados.

Proteínas vegetais

Nesses casos, eu defendo a adoção de um complemento alimentar às refeições do cotidiano, de forma que o organismo receba nutrientes, vitaminas, sais minerais e proteínas nas medidas certas. É uma forma científica e segura de perder peso sem correr riscos.

Sinto-me à vontade para defender o uso de compostos alimentares, porque no Laboratório de Nutrição Humana e Alimentos da Esalq estamos trabalhando nessas pesquisas há muitos anos.

Chegamos a uma fórmula que reúne proteínas extraídas da castanha de caju, da aveia, do gergelim, da soja e da uva passa. O segredo está em adicionar esse composto a pratos variados do cotidiano, de forma que a pessoa adquira novos hábitos sem ter de fazer mudanças bruscas nos seus hábitos alimentares.

Sou totalmente contrária a *shakes* e sopas ralas que submetem o indivíduo a um período de fome e sofrimento, com riscos para a saúde, já que não possuem todos os nutrientes de que o organismo necessita para funcionar de forma perfeita. O composto alimentar que produzimos, e que no início era vendido apenas pela farmácia da USP com o nome de Sanavita, vem se revelando um "facilitador" para a reeducação alimentar.

No caso do composto à base de proteínas vegetais, além de não passar fome, a pessoa recebe todos os nutrientes necessários, de forma a perder peso com saúde. Uma vez atingido o peso desejável, o indivíduo vai aos poucos deixando o uso do composto, sem abandonar os novos hábitos alimentares. Ao longo dos últimos anos, reunimos relatos de pessoas que adotaram novos hábitos e descobriram novos pratos e sabores graças ao uso do composto. Gente que hoje não passa sem uma combinação de aveia com iogurte ou leite desnatado pela manhã, nem abre mão de saladas e legumes na hora do almoço e do jantar. As gorduras e carnes vermelhas já não fazem tanta falta. E entre uma refeição e outra as frutas são sempre bem-vindas. Nos restaurantes, quando essas pessoas se decidem por uma suculenta picanha, deixam de lado o *couvert*. Ou trocam o quindim da sobremesa por mamão papaia.

O mais importante, para mim, é que esses novos hábitos sejam incorporados sem mudanças bruscas. Perder peso aos poucos é bem melhor e mais saudável do que se atirar a um regime devastador.

Além de sofrer menos, a reeducação alimentar é a garantia de que você não voltará a engordar e terá qualidade de vida muito melhor.

2

O excesso de peso tem forte vínculo com o câncer

Reconhecer a obesidade como séria ameaça para a saúde é passo positivo para combatê-la

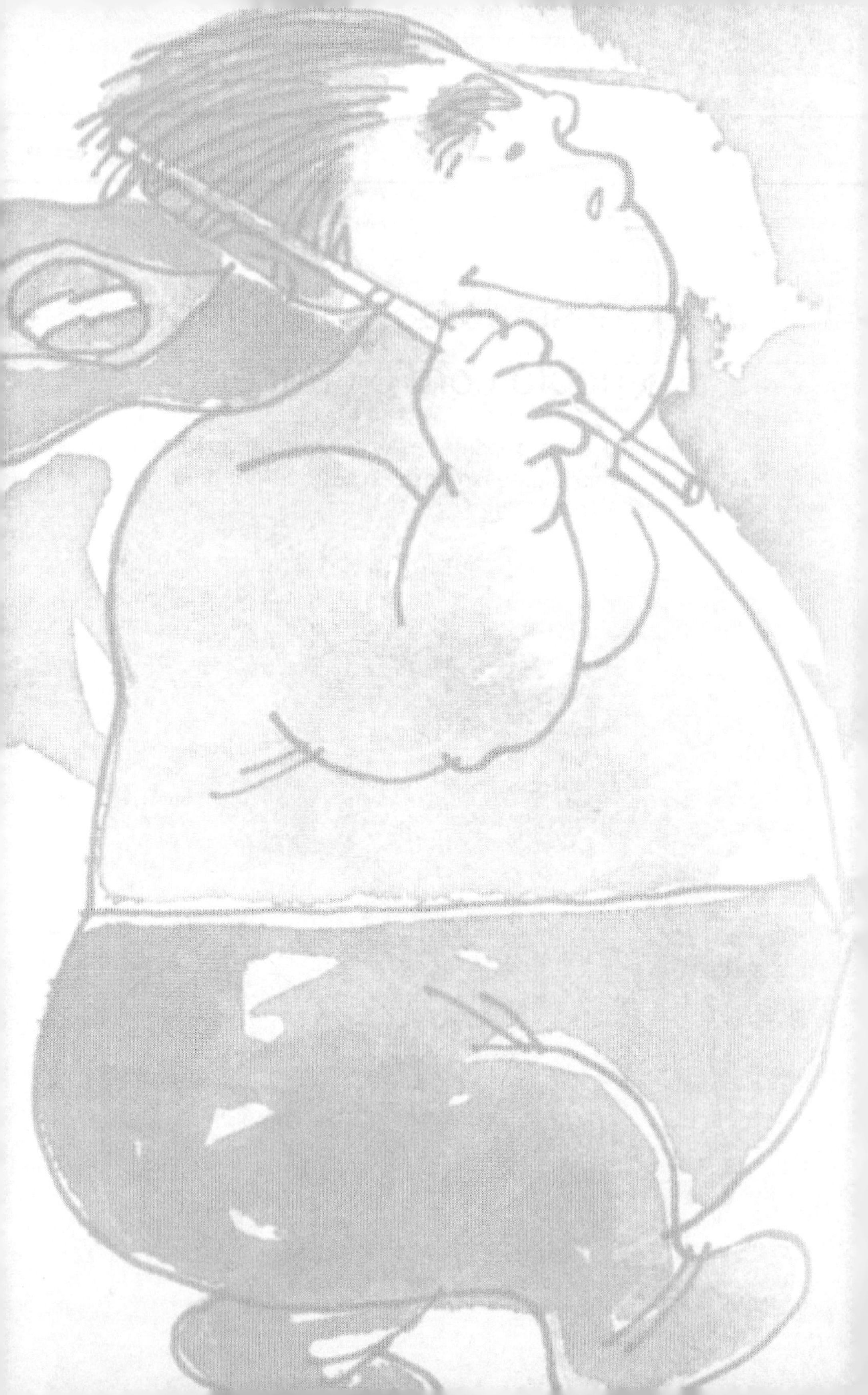

O excesso de peso caracteriza-se por ser um estado no qual o peso excede um padrão baseado na altura. A gordura excessiva, geral ou localizada, pode levar à doença de caráter endêmico e que atualmente está sendo considerada um problema sério de saúde pública no Brasil: *a obesidade*, que, além de ser doença de caráter genético, é uma enfermidade hoje relacionada principalmente às mudanças de hábitos alimentares e ao sedentarismo. A industrialização é considerada uma das principais causas responsáveis por tudo isso. A indústria moderna tem proporcionado ao homem, nos últimos anos, gêneros alimentícios pouco saudáveis (produtos processados ricos em gordura, alimentos refinados com baixo teor de fibras, *fast-foods* etc.), gerando o comodismo entre as pessoas (carros cada vez mais confortáveis, máquinas que substituem o serviço braçal, controle remoto etc.). Isso faz com que o homem se movimente cada vez menos e deixe de lado uma alimentação balanceada rica em frutas, vegetais, cereais e leguminosas.

Segundo os estudiosos, o aumento da obesidade é mundial, atingindo principalmente os países industrializados, e dados recentes indicam que o Brasil está deixando de ser um país de desnutridos e se tornando um país de obesos. Pesquisas realizadas entre 1975 e 1996 mostram que a prevalência da obesidade em brasileiras de 18 a 49 anos quase triplicou, passando de 4,4% para 10,1%. Já em crianças do sexo feminino em idade pré-escolar, no período de 1971 a 1996, o índice de obesidade duplicou, de 3,6% para 7,6%. Entretanto, nos Estados Unidos esses índices são muito mais elevados. Para se ter uma idéia, em 1989 o Brasil possuía 13,3% de mulheres obesas, enquanto os Estados Unidos, em 1991, contavam com 24,7% de obesas, em sua maioria negras. Enquanto o Brasil soma quase 20% de obesos, entre homens e mulheres, mais de 35% da população norte-americana possui IMC acima de 30.

Atualmente, os métodos mais utilizados para estabelecer um padrão para o peso corpóreo ideal são o **IMC** (índice de massa corporal) e a razão **cintura/quadris**, que compara a medida da circunferência da cintura e dos quadris para identificar as formas clínicas da obesidade: andróide, na qual a distribuição de gordura predomina acima do umbigo, ou seja, parte superior do corpo; ginóide, em que a gordura predomina na região inferior do corpo; e mista, onde a gordura é distribuída de forma indeterminada ou difusa. A forma clínica mais grave é a andróide ou abdominal, associada a maior risco de doenças e mortalidade. Você pode calcular seu IMC usando a fórmula a seguir e comparar o resultado com os dados da tabela de classificação apresentada:

Recente relatório da Organização Mundial de Saúde (OMS) — *Obesidade: prevenindo a epidemia global* — chama a atenção para o problema que mais assusta médicos e pesquisadores no que diz respeito ao excesso de peso, ou seja, a estreita relação da obesidade com outros problemas crônicos, como diabetes, hipertensão, doenças cardiovasculares e câncer. De acordo com o relatório do American Institute for Cancer Research (AICR), de 1997 — *Alimento, nutrição e prevenção ao câncer: uma perspectiva global* —, existem várias evidências de que a obesidade aumenta o risco de câncer de útero, mama e rim, e possivelmente de cólon e vesícula.

Por isso, reconhecer a obesidade como séria ameaça para a saúde é passo positivo para combatê-la. A relação entre massa corporal, câncer e outros problemas de saúde tem-se tornado clara. Isso nos permite estabelecer parâmetros para boa saúde e menor risco de câncer. O relatório do AICR recomenda manter o índice de massa corporal (IMC) entre 18,5 e 25 e limitar o ganho de peso na idade adulta para menos de 5kg. Entretanto, ao calcular o seu IMC você deve ter em mente que esse índice não olha quão musculoso você é ou para a gordura distribuída no seu corpo. Por exemplo, se a gordura que carrega está centrada na linha da cintura (gordura visceral), você pode ter um risco de câncer muito maior, assim como de outras doenças, quando comparado com alguém com o mesmo IMC, porém com distribuição de gordura diferente.

$$\text{IMC} = \frac{\text{peso}}{\text{altura}^2}$$

IMC*	CLASSIFICAÇÃO
<18,5	peso deficiente
entre 18,5 e 25	peso normal
entre 25 e 30	sobrepeso
> 30	obesidade
> 40	obesidade mórbida

*O IMC não é medida adequada para pessoas muito musculosas, crianças, mulheres grávidas e idosos frágeis.

Mecanismos pelos quais o excesso de peso aumenta o risco de câncer

Sabe-se que todos nós temos uma quantidade pequena dos hormônios sexuais femininos e masculinos em nosso corpo e que eles são transmutados pela obesidade. A explicação mais aceita entre os pesquisadores com relação ao câncer de útero e mama é aquela mostrando que a gordura pode converter o hormônio masculino andrógeno em hormônio feminino estrógeno, e o alto nível deste pode aumentar o risco de câncer depois da menopausa. Há mais estrógeno no corpo de uma mulher obesa e, portanto, um balanço de hormônio sexual é necessário para diminuir o risco de câncer.

Além do estrógeno, alguns estudos referenciam a hiperinsulinemia e os fatores de crescimento (IGFs) como ligados ao crescimento celular e proliferação, podendo trabalhar juntos para o desenvolvimento de certos tipos de câncer de mama. A obesidade central e a gordura abdominal estariam, portanto, referenciadas como fatores de risco.

O mecanismo pelo qual a obesidade afeta o câncer de rim e de cólon é menos claro. Fatores hormonais e o modo como o corpo metaboliza a gordura podem estar atrás do aumento do risco de câncer de rim. O tempo que as substâncias levam para passar pelo intestino grosso proporciona explicação parcial ao aumento do risco de câncer de cólon. Alimentos fibrosos e atividades físicas (que raramente são realizadas por indivíduos obesos) podem reduzir o tempo de trânsito, diminuindo, dessa forma, o tempo que a parede do cólon permanece exposta às substâncias com potencial cancerígeno.

Finalmente, a obesidade promove meio favorável para o desenvolvimento de tumores no organismo. As células, incluindo as cancerígenas, crescem mais facilmente quando a quantidade de calorias no organismo é abundante.

MANTENHA SEU PESO IDEAL

Há ainda muito o que aprender sobre como a obesidade afeta o risco de câncer, mas nós sabemos que evitar o ganho de peso em excesso ou emagrecer pode beneficiar sua saúde e suas formas, incluindo redução do risco de câncer. Até mesmo uma pequena perda de peso pode trazer benefícios. A seguir, algumas dicas para você manter seu peso ideal e evitar o risco de doenças:

- escolha principalmente dieta à base de vegetais, rica em variedade de frutas, legumes, verduras, grãos integrais e alimentos minimamente processados;
- faça uma atividade física;
- não consuma ou limite o uso de bebidas alcoólicas e não fume;

dê preferência para carnes de peixes e aves, limitando o consumo de carne vermelha para 80-100g/dia;

limite o consumo de alimentos gordurosos, particularmente os de origem animal. Dê preferência a óleos vegetais (uso moderado), como o azeite de oliva;

limite o consumo de doces, sorvetes, refrigerantes etc.;

limite o consumo de comidas salgadas e o uso de sal (até 6g/dia). Abuse de ervas, cebola e alho.

3

Um passeio pela feira: frutas, hortaliças e grãos

A feira é uma das melhores e mais agradáveis escolas para se descobrirem os alimentos que fazem bem à saúde

Estou convidando vocês para um passeio na feira mais próxima de suas casas, pois vamos falar de frutas, hortaliças e grãos. Passear na feira é apreciar um desfile de cores e cheiros que mudam com as frutas da estação. As barracas repletas de verde se misturam à animação dos vendedores. A feira é uma das melhores e mais agradáveis escolas para se descobrirem os alimentos que fazem bem à saúde. É certo que as barracas de pastéis cheios de óleo estão sempre no comecinho da feira, mas eles são tão gostosos que um ou outro não estragará nossos planos de comer bem.

As feiras livres, como vocês podem notar em suas cidades, estão perdendo espaço para os supermercados. Estes funcionam todos os dias, oferecem maior número de opções e até aceitam cartão. O encolhimento das feiras é reflexo da mudança no padrão alimentar e socioeconômico do brasileiro. Estamos consumindo mais enlatados e menos alimentos frescos, comendo mais a prazo que à vista.

Essa mudança também se deve à grande quantidade de pessoas que deixaram o campo e vieram para a cidade. O costume de colher e comer as frutas do quintal e os legumes e verduras da horta não é mais possível na cidade. Com tanta propaganda no rádio e na TV, fica mais fácil trocar a verdura por alimentos preparados ricos em gordura de todos os tipos. Não se trata de ficar criticando os supermercados. Aliás, se vocês observarem, as grandes redes estão ampliando suas seções de frutas, legumes e verduras, copiando as feiras livres. O importante é que o acesso aos alimentos frescos e saudáveis seja cada vez maior. Mas voltemos à nossa conversa inicial. As frutas, verduras, legumes e grãos são importantes porque podem contribuir para a redução de uma série de doenças crônico-degenerativas. Trata-se daquelas doenças que aparecem com o tempo, são mais freqüentes nas pessoas idosas e acabam permanecendo pelo resto dos dias. Vale citar as cardiopatias, as doenças circulatórias, o diabetes e a osteoporose, entre outras.

Um comitê respeitado no mundo todo, o Committee on Diet and Health, divulgou no final dos anos 90 uma recomendação para que a população aumente o consumo de grãos, frutas e vegetais. Caso contrário, as doenças crônicas e degenerativas vão crescer e os países não terão recursos para manter a saúde da população, especialmente aquela acima dos 50 anos. Nessas questões, não precisamos de conselhos de fora, mas vale a pena lembrá-los.

Alimentos funcionais

Os benefícios que frutas, verduras e grãos podem propiciar ao organismo estão cada vez mais comprovados por pesquisas. Até cinco anos atrás, o médico ou nutricionista sugeria esses alimentos pensando nas qualidades nutricionais que, naturalmente, são importantes na prevenção de muitas doenças carenciais. Por exemplo, frutas e vegetais amarelo-alaranjados têm alta concentração de caroteno, precursor da vitamina A, importante para a visão e para a pele. Quem tem deficiência de vitamina C deve consumir frutas cítricas. Para aqueles que têm falta de ferro (anemia), são indicados vegetais verde-escuros, como a couve e o brócolis.

O que há de novo hoje é a certeza de que os alimentos, além de suas qualidades nutricionais, têm substâncias que ajudam na prevenção e no controle de doenças. Esses alimentos estão sendo chamados de funcionais. Se você ainda não ouviu esse termo — alimentos funcionais —, prepare-se para incluí-lo no seu "cardápio". Alimentos funcionais são aqueles que, além de nutrir nosso organismo e saciar nossa fome, trazem componentes ativos capazes de prevenir ou reduzir males que vão da constipação intestinal à osteoporose, arteriosclerose e até mesmo certos tipos de câncer.

A máquina interrompida

Vale a pena exemplificar citando um incômodo que atinge muitas pessoas e pode levar a outras doenças, que é a constipação intestinal. O consumo diário de um prato pequeno (de sobremesa) de verduras folhosas cruas e outro de cozidas, como alface, couve e repolho, consumidas com o talo e temperadas apenas com limão e pouco sal, pode resolver o problema. A constipação, que aflige cerca de 30% das pessoas, provoca desconforto, com reflexos no ânimo e na qualidade da pele, além de enjôos e náuseas. Há muitas outras receitas para esse mal: consumir uma quantidade de meia xícara de chá de leguminosas cozidas, como soja, feijão, ervilha, lentilha. Ou a mesma quantidade de cereais, como aveia, trigo integral, milho. Também vale o recurso de xaropes de ameixa ou ameixas pretas inteiras e tamarindos.

A explicação científica para isso é que nesses alimentos encontramos tanto fibras insolúveis como solúveis. As insolúveis exercem efeitos principalmente na parte inferior do sistema gastrointestinal, atuando mais no intestino grosso, onde ocorre reabsorção de água do bolo fecal. Com isso, acelera a passagem do bolo alimentar através do intestino, aumentando o volume fecal e tornando as fezes mais macias. Isso previne a prisão de ventre e formação de fezes duras, facilitando a evacuação e evitando doenças, tais como hemorróidas, trombose e diverticulite. Já as fibras solúveis, pelo fato de exercerem sua ação principalmente na parte superior do sistema gastrointestinal, atuam no estômago e no intestino delgado, e com isso podem auxiliar no controle dos níveis de glicose e colesterol sangüíneo, fundamental para a prevenção de doenças cardiovasculares e diabetes.

O mecanismo principal dessas fibras é que elas retardam o esvaziamento gástrico, ou seja, tornam mais lenta a passagem do bolo alimentar do estômago para o intestino. Com isso, a glicose vai sendo liberada mais lentamente para a circulação sangüínea.

A feira e o câncer

A relação dos alimentos com a incidência e redução de vários tipos de câncer vem sendo cada vez mais estudada. Um artigo de revisão da revista *Food Technology*, de 1996, mostrou que duzentos e seis estudos epidemiológicos com voluntários e vinte e duas pesquisas com animais estabeleceram relação direta do consumo de grãos, frutas e vegetais com a redução do risco de câncer. Os tipos de câncer em que esta relação ficou mais evidente foram os de estômago, esôfago, pulmão, cavidades orais e faringe, endométrio, pâncreas, cólon e próstata.

Os tipos de frutas e vegetais que mais freqüentemente apareceram nessas pesquisas como protetores foram soja, alho, cebola, vegetais crucíferos (brócolis, couve-flor, repolho, couve-de-bruxelas etc.), cenoura, tomate e frutas cítricas. Em meus trabalhos e conferências, procuro sempre evitar receitas rígidas, pois são difíceis de ser seguidas no cotidiano de cada um. Escolho programas de reeducação alimentar mais flexíveis, com pratos saborosos, de forma que possam ser incorporados no dia-a-dia. Dietas rigorosas acabam sendo abandonadas rapidamente. Dentro desse espírito, gostaria de transcrever algumas recomendações básicas que constam da minha cartilha *Prevenção e Controle de Doenças Através da Alimentação* (disponível pelo telefone 0800554414 ou pela internet, no site www.sanavita.com.br.

PRESTE ATENÇÃO A ESTAS RECOMENDAÇÕES

Procure consumir todos os dias uma porção de leguminosas, como soja ou feijões, entre outros. Uma porção equivale a meia xícara de um desses alimentos cozido.

É saudável consumir pelo menos sete porções ao dia de grãos de cereais e leguminosas, arroz, cevada, centeio, trigo, milho, aveia. Uma porção de cereal cozido equivale a meia xícara de chá de arroz integral cozido, macarrão ou aveia.

Quanto às frutas e vegetais, o ideal é consumir cinco ou mais porções ao dia. Observe que uma porção é igual a meia xícara de vegetais frescos ou cozidos ou meia xícara de chá de vegetais de folhas ou metade de uma fruta fresca. Ou ainda meia xícara de chá de frutas cozidas.

É aconselhável também comer uma porção ou mais de raízes e tubérculos, como batata, batata-doce, cenoura, inhame, cará, beterraba.

Quando se fala em frutas e vegetais verdes, a primeira pergunta que muitas pessoas fazem é quanto aos agrotóxicos. Não estarei ingerindo veneno, achando que estou comendo produtos que podem prevenir doenças? A preocupação é natural, mas vale dizer que a Vigilância Sanitária mantém controle sobre o uso de fertilizantes, pesticidas, herbicidas e outras drogas.

Mesmo desconfiando do controle oficial, também vale lembrar que os estudos mostram que de 60% a 70% dos tipos de câncer estão relacionados a fatores como dieta incorreta, fumo, falta de atividade física e peso acima do normal. Menos de 1% estariam relacionados à poluição química dos alimentos. De qualquer forma, é bom tomar precauções com relação aos agrotóxicos e outros tipos de contaminação.

ALGUNS CUIDADOS QUE NÃO CUSTAM MUITO

Frutas e hortaliças devem ser lavadas em água corrente com uma bucha macia, tomando o cuidado de remover as folhas soltas dos vegetais.

Deixe as frutas e verduras em molho de água com vinagre por pelo menos meia hora (uma colher de sopa de vinagre para cada litro de água).

Procure variar os alimentos que consome; com isso, reduzirá os riscos de pesticidas e outros produtos químicos.

Quando possível, procure alimentos orgânicos, aqueles cultivados com poucos ou sem produtos químicos.

Como vocês perceberam, quando se trata de frutas, legumes e verduras, o importante é associar o prazer das compras a cuidados básicos de higiene. Passear pela feira ou pelas gôndolas do supermercado já é uma alegria. E a alegria é um tempero fundamental para nossa saúde.

4

A soja e seus benefícios à saúde

O papel preventivo e terapêutico da soja na doença cardiovascular, câncer, osteoporose e no alívio dos sintomas da menopausa

Nas últimas duas décadas, os pesquisadores têm documentado os benefícios da proteína de soja à saúde das pessoas. Entretanto, atualmente, a soja não é considerada apenas alimento de alta qualidade protéica, mas tem também papel preventivo e terapêutico na doença cardiovascular, câncer, osteoporose e no alívio dos sintomas da menopausa. Portanto, o objetivo deste capítulo é discutir o papel da soja na prevenção dessas doenças.

Embora a soja seja rica em vários componentes fitoquímicos, estudos indicam que as isoflavonas, uma classe de fitoestrogênios presentes em grande quantidade no grão, são particularmente dignas de atenção. Em vários estudos, as isoflavonas, direta ou indiretamente, diminuíram a taxa de colesterol, aliviaram sintomas da menopausa, aumentaram o conteúdo de minerais nos ossos e apresentaram atividade anticancerígena.

Efeitos fisiológicos das isoflavonas da soja

As isoflavonas da soja, principalmente a genisteína e a daidzeína, seriam os componentes responsáveis pela redução de colesterol em humanos, por exemplo. Anderson *et al.* (1995), em trinta e oito estudos separados, envolvendo setecentos e quarenta e três indivíduos, chegaram ao seguinte resultado: o consumo de proteína de soja ocasionou reduções significativas no colesterol total (93%), no LDL-colesterol (12,9%) e nos triglicerídeos (10,5%), e em pequeno, mas significante, aumento na HDL-colesterol (2,4%). Esses resultados são relevantes, visto que, de acordo com os autores, cada 1% de diminuição nos valores de colesterol está associado com cerca de 2-3% de diminuição do risco de doenças cardiovasculares. E diferentes estudos observam também que o consumo diário de 20-50 g de proteína de soja pode resultar em redução de 20-30% do risco de doença coronariana.

Existem estudos importantes que observaram ligação entre consumo de soja e risco reduzido para certos tipos de câncer. E mais uma vez a genisteína e a daidzeína, as duas principais isoflavonas da soja, foram relatadas como as responsáveis pela redução de cânceres, como de mama, pulmão, cólon, reto, estômago e próstata.

Mas por que as isoflavonas presentes na soja podem prevenir ou até mesmo controlar doenças? As isoflavonas, principalmente genisteína e daidzeína, são estrogênios fracos, estruturalmente muito semelhantes ao estrogênio humano (mil a cem mil vezes mais fracos do que o estrogênio humano). Assim, esses estrogênios provenientes da soja atuam como antiestrogênios, porque competem com o estrogênio humano pela ligação dos receptores de estrogênio. Com isso, eles impedem que estrogênios mais potentes, como aqueles produzidos em nosso corpo, exerçam seus efeitos maléficos. Como elevados níveis de estrogênios humanos no sangue estão relacionados com altos fatores de risco para câncer de mama, o uso de estrogênios fracos da soja tem sido indicado como agente protetor contra essa forma de câncer. Isso explica, por exemplo, por que populações que consomem quantidades significativas de soja (o sudoeste da Ásia é um exemplo) têm risco reduzido de câncer dependente de estrogênio. Pesquisas mostram que as células cancerosas foram reduzidas em 50% quando a soja foi utilizada na alimentação. Além desses benefícios, outra boa conclusão é que mulheres que tiveram câncer de mama também diminuem a chance de reincidência pela metade se consumirem o alimento.

Outro papel importante dos fitoestrogênios da soja é o de prevenção e controle dos sintomas da menopausa. Sabe-se que os hormônios estrogênicos são produzidos no ovário, sendo importante para o funcionamento saudável do sistema reprodutivo da mulher. Quando a produção de estrogênio decresce, ocorre a menopausa, evento que pode produzir uma variedade de sintomas que incluem dificuldade em regular a temperatura corporal, o que resulta em suores noturnos e ondas de calor. Estudos indicam que o consumo de isoflavonas da soja pode reduzir a freqüência e a intensidade desses sintomas. Albertazzi *et al.* (1998) observaram que o consumo diário de isolado protéico de soja durante três meses reduziu as ondas de calor em 45% em cento e quatro mulheres na menopausa. Além disso, estudos mostram que a incidência de sintomas da menopausa é muito menor em mulheres japonesas do que entre ocidentais. A explicação para essa diferença é atribuída ao grande consumo de alimentos à base de soja pelas japonesas.

E com relação à osteoporose, estudos indicam que a soja pode ajudar na prevenção e no tratamento da doença. Erdman & Potter (1997), conduzindo estudo clínico com sessenta e seis mulheres na menopausa, concluíram que o consumo de soja com 90 mg de isoflavonas totais aumentou significativamente (2%) o conteúdo de minerais nos ossos e a densidade da coluna vertebral depois de seis meses.

Pesquisas mostram que as isoflavonas presentes na soja podem prevenir o câncer de colo do útero. Nesse caso, elas agem como esponjas, absorvendo uma série de substâncias cancerígenas da parede desse órgão. A soja também bloqueia a formação de um dos cancerígenos mais perigosos: as nitrosaminas. Essas substâncias são o produto da reação entre alguns corantes e conservantes presentes em todos os embutidos e em alguns enlatados. Seu consumo aumenta a incidência de câncer de estômago.

Outros estudos demonstram que a soja pode trazer outros benefícios à saúde das pessoas, já que as dietas baseadas em soja ajudam no controle de peso por proporcionar baixa caloria/alto conteúdo de nutriente.

Qual seria então a quantidade de soja que deveríamos consumir para nos beneficiar de seus efeitos? A maioria das pesquisas mostra que apenas uma porção de soja cozida (100 g) ou de seus derivados, como por exemplo uma xícara de leite de soja ou meia xícara de tofu, contém quantidades suficientes de isoflavonas para exercer efeitos clínicos. É importante salientar que dois produtos à base de soja, como o molho e o óleo de soja, não contêm isoflavonas.

VEJA AGORA UMA RECEITA NUTRITIVA E SABOROSA EM SUBSTITUIÇÃO AO FEIJÃO COMUM

Para o feijão de soja ficar mais gostoso faça o seguinte:

Prepare da mesma forma que o seu feijão comum.

Depois de cozido, retire uma ou duas conchas de grãos com caldo da panela, bata em liquidificador e incorpore esse creme ao restante dos grãos que ficaram na panela. Tempere a gosto.

O resultado é bastante semelhante ao feijão comum, pois o caldo ficará mais grosso.
Abuse do consumo desse feijão.

5

Receita para homens: inclua o tomate no seu cardápio, para o bem da sua próstata

O licopeno, que dá cor vermelha ao tomate, pode reduzir em até 50% o risco de câncer de próstata

ES
TOMPSATE

O licopeno, uma das principais substâncias presentes no tomate, pode reduzir pela metade os casos de câncer de próstata.

O tema deste capítulo versa sobre um alimento que pode beneficiar especialmente os homens, mas que por isso mesmo interessa a todos nós. Aliás, em geral são as mulheres que se preocupam com a saúde dos homens, porque a maioria deles parece ter uma tendência a não acreditar nos riscos e adiar os cuidados preventivos.

Esse alimento é nada menos que o tomate, suculento fruto vermelho sempre presente nas saladas e que resulta em molhos que dão sabor especial às massas e pizzas. Em pesquisas recentes, já se constatou que o tomate é rico em licopeno e que esse componente, que dá a cor vermelha a esse fruto, tem propriedades anticancerígenas.

O licopeno é um carotenóide que funciona como antioxidante e age na neutralização de radicais livres, protegendo contra o envelhecimento das células e estimulando a função do sistema imunológico. A descoberta dessa função antioxidante é relativamente recente, pois até anos atrás só se destacava a função pró-vitamina A dos carotenóides. Por exemplo, sua importância para visão, pele e cabelos.

O licopeno é o mais eficiente neutralizador de radicais livres de todos os carotenóides e é duas vezes mais eficiente que o caroteno. A atividade antioxidante do licopeno confere proteção contra a oxidação do colesterol, processo que pode influenciar, por exemplo, no câncer de próstata.

Há indícios de que o licopeno pode trazer benefícios contra doenças coronárias, ao evitar a oxidação do LDL-colesterol, que leva ao desenvolvimento da aterosclerose, além de fortalecer o sistema imunológico.

No entanto, o que chama a atenção no licopeno é sua capacidade de reduzir em até 50% o risco de câncer de próstata, além de outras evidências de sua atuação contra câncer de esôfago, mama, pulmão e pele.

Os resultados mais marcantes relacionados com o câncer de próstata, terceiro tipo de tumor que mais mata os homens, depois do câncer de pulmão e de pele, de acordo com dados do Instituto Nacional do Câncer.

Os exames preventivos devem começar aos 50 anos e, para quem tem histórico familiar dessa doença, o diagnóstico deve iniciar aos 40. Os sinais da doença podem ser detectados com um exame do PSA, que indica a presença de uma enzima no sangue, e com o toque retal, exame do qual muitos homens fogem por preconceito ou medo.

No entanto, as estatísticas mundiais afirmam que entre 15% e 20% dos homens acima de 50 anos desenvolvem esse tipo de câncer. Acima de 80 anos, quase todos apresentam essa doença.

A próstata é uma glândula de aproximadamente 20 g, responsável por parte da produção do líquido seminal, que vai conduzir os espermatozóides. A uretra passa exatamente no interior dessa glândula. Quando há crescimento da próstata, muito comum nos homens acima de 50 anos, o canal é comprimido e a pessoa tem dificuldade para urinar. Esse crescimento benigno da próstata nada tem que ver com o câncer.

Para os casos de câncer, a descoberta animadora, além de novas técnicas cirúrgicas, é a constatação de que o consumo do licopeno pode reduzir os riscos da doença. Um estudo da Universidade de Harvard demonstrou que homens que ingerem dez porções de tomate por semana têm diminuído em um terço o risco de desenvolver esse tipo de câncer, comparados aos que consomem menos de duas porções pelo mesmo período. Uma porção equivaleria a um tomate inteiro. Outro estudo, envolvendo quarenta e sete mil homens entre 40 e 75 anos, mostrou que o consumo de tomates chegou a reduzir os casos de câncer em 50%.

Outra descoberta feita pelos pesquisadores: a absorção do licopeno pelo organismo é muito maior quando em molhos ou concentrados do que em tomates frescos. O cozimento quebra as paredes celulares resistentes, fazendo com que o licopeno se torne mais acessível, aumentando sua biodisponibilidade, ou seja, a absorção pelo organismo.

O tomate fresco, por exemplo, tem entre 3,1 e 7,74 mg de licopeno por 100 g de peso. Já o processado possui 11,21 mg, e a pasta de tomate enlatada tem 30,07 mg.

BENEFÍCIOS DO TOMATE

Eis uma receita prática que pode garantir os benefícios do licopeno sem dar muito trabalho. Cozinhe cerca de seis tomates inteiros, bata-os no liquidificador e conserve o molho em geladeira. Consuma uma xícara no almoço e outra no jantar, misturado a ervilhas, soja, grão de bico ou lentilhas. Quanto mais vermelho e maduro o tomate, maior a quantidade de licopeno.

O consumo freqüente de licopeno deve ser evitado por quem tem cálculos renais ou elevada taxa de ácido úrico no sangue. Se este não é o seu caso, desfrute do tomate.

6

Os benefícios do brócolis, do repolho, da couve e da couve-flor para a saúde

Esses vegetais contêm compostos importantes para a prevenção de diversas doenças, incluindo o câncer

Vegetais como repolho, brócolis, couve, couve-flor, couve-de-bruxelas e nabo pertencem à família das crucíferas e são botanicamente conhecidos como da espécie das *Brassicas*. Até há pouco tempo, o que se sabia sobre tais vegetais era que, além de conterem vitaminas e minerais em abundância, eram também boas fontes de fibras dietéticas. Entretanto, estudos recentes têm mostrado que esses vegetais contêm compostos importantes para a prevenção de diversas doenças, incluindo o câncer. Um deles é o sulforafano, que consegue eliminar certas substâncias químicas das células, responsáveis por mutações cancerígenas. O outro é o indol-3-carbinol, substância de nome complicado que ninguém precisa decorar, mas deve saber que diminui o estrogênio na circulação sangüínea.

Os vegetais crucíferos e seus nutrientes

A couve, a couve-flor e a couve-de-bruxelas são excelentes fontes de vitamina C e beta-caroteno, que é o precursor da vitamina A. Uma xícara de couve, por exemplo, contém o dobro das necessidades desses nutrientes, 5 mg de vitamina E, 30 μg[1] de folato, 135 mg de cálcio, 2 mg de ferro e 450 mg de potássio. Também fornece mais de 1 g de fibra com apenas 50 calorias, o que torna a couve um alimento altamente nutritivo, muito recomendado para quem se preocupa com o peso. Além disso, ela contém mais ferro e cálcio que qualquer outra verdura, e o seu alto teor de vitamina C aumenta a capacidade de absorção desses minerais pelo organismo.

No caso da couve-de-bruxelas, além de fornecer 130 mg de vitamina C por xícara do vegetal (mais que o dobro das recomendações dietéticas), fornece também 20% ou mais das recomendações de folato e vitamina A, e mais de 10% das necessidades diárias de ferro e vitamina E. Uma porção, ou seja, uma xícara de chá, contém cerca de 40 calorias.

Com relação à couve-flor, pode-se dizer que é rica especialmente em vitamina C e folato. Uma xícara contém mais do que as recomendações de folato e boas quantidades de potássio e vitamina B6. É também rica em fibras e pobre em calorias, sendo que uma xícara fornece 25 calorias.

O brócolis é vegetal rico em vitamina C, boa fonte de vitamina A e de folato, apresentando quantidades significativas de proteínas, cálcio, ferro e outros minerais. Uma xícara de brócolis cozido contém 40 calorias, proporcionando quase

1. 1 μg: 1 micrograma.

o dobro das recomendações dietéticas de vitamina C e um terço ou mais das de vitamina A e de folato; contém também 130 mg de cálcio, 1,2 mg de ferro, 5 g de proteínas e 2,5 g de fibras.

Os vegetais crucíferos e seus componentes ativos

As propriedades anticarcinogênicas de vegetais, como o brócolis, o repolho, a couve etc., são atribuídas ao conteúdo relativamente alto de **glicosinolatos**. Esses compostos ativos ficam estocados nos vacúolos celulares dos vegetais crucíferos. Uma enzima (mirosinase) encontrada na célula dessas plantas faz com que os glicosinolatos transformem-se em sulforafano e indol-3-carbinol, substâncias que estão sendo estudadas pelos cientistas por apresentar propriedades anticancerígenas.

O sulforafano tem a capacidade de se ligar a uma enzima produzida no fígado, e juntos limpam as substâncias cancerígenas das células (radicais livres, substâncias químicas etc.), impedindo o desenvolvimento de câncer. Já o indol-3-carbinol reduz o estrogênio na circulação sangüínea, evitando o aparecimento de células cancerígenas que dependem desse hormônio para crescer. É o caso, por exemplo, do câncer de mama.

Mas se o estrogênio humano é um hormônio essencial para a mulher, por que é interessante consumir uma substância (como o indol-3-carbinol) que faz com que ele diminua no sangue? Sabe-se que o estrogênio, além de coordenar a reprodução, mantém a densidade dos ossos e protege o coração de ataques cardíacos. Além disso, esse hormônio também é responsável pela multiplicação das células mamárias. Mas, segundo os pesquisadores, se entre essas células existir uma com câncer, o estrogênio vai ajudar na formação de um tumor. Assim, o hormônio não causa o câncer em si, mas estimula o seu crescimento. Portanto, o excesso de estrogênio pode ser prejudicial ao seu organismo, e é por isso que o indol-3-carbinol presente nas crucíferas é importante, pois o elimina através do intestino, mantendo o nível sangüíneo normal.

Estudos clínicos que comprovam a ação anticancerígena dos vegetais crucíferos

Nos últimos anos, diversos estudos revelaram que o índice de incidência de câncer de mama, útero, próstata, cólon, pulmão, esôfago, laringe e bexiga entre pessoas que consomem grandes quantidades de brócolis, repolho, couve etc. é significativamente reduzido.

Em recente artigo, Verhoeven *et al.* (1996) revisaram oitenta e sete estudos controlados, demonstrando uma associação entre o consumo de vegetais crucíferos e o risco de câncer. Os estudos mostraram que o consumo de repolho, brócolis, couve-flor e couve-de-bruxelas reduziu o risco de câncer em 70%, 56%, 67% e 29%, respectivamente.

Em outro estudo, cientistas do Instituto de Pesquisa Hormonal em Nova York, nos Estados Unidos, forneceram 350 g de repolho/dia a um grupo de mulheres. No final de um mês, observou-se decréscimo significante da quantidade de hormônio estrogênio no sangue. Segundo os cientistas, a eliminação do excesso de estrogênio em mulheres previne o câncer de mama.

Pesquisas na Universidade de Illinois, nos Estados Unidos, mostraram que a administração de 76 g de brócolis/dia, durante um mês, diminuiu em 45% as células cancerosas em ratas com câncer de mama.

Analisando todas essas pesquisas, podemos observar que os dados são animadores e provam mais uma vez que fazer uso de uma dieta rica em vegetais pode ser extremamente benéfico a sua saúde. Atualmente, vários estudos estão sendo conduzidos para estabelecer as porções ideais dos alimentos aqui citados; entretanto, você pode desde já acrescentar tais vegetais à sua dieta de forma mais freqüente.

Vegetais crucíferos: como prepará-los e quanto devemos consumir?

Como prepará-los?

O melhor modo de consumir o repolho e a couve é na forma crua ou levemente cozidos, porque o calor, além de destruir boa parte das vitaminas presentes nesses alimentos, elimina também os compostos com ação anticancerígena. Se optar por cozinhá-los, dê preferência ao cozimento a vapor.

Quanto à couve-flor, sabe-se que crua possui mais folato do que cozida, sendo que 80% da vitamina B é perdida no cozimento. Para reter o sabor e reduzir perdas de nutrientes e dos compostos ativos, cozinhe a couve-flor no vapor ou ferva-a rapidamente. Cozida demais ela fica mole e libera compostos sulfurosos, ganhando odor desagradável e sabor amargo. E não esqueça: ao comprar a couve-flor, escolha a que estiver firme, compacta. Se estiver fresca, suas folhas se apresentarão tenras e verdes, com as flores bem brancas.

Com relação à couve-de-bruxelas, escolha sempre as pequenas, verdes e brilhantes, com folhas bem fechadas. As não tão frescas têm manchas amarelas, desagradável cheiro de enxofre e sabor amargo. Elas podem ser cozidas em água fervente ou no vapor. Cozinhar demais destrói parte das vitaminas e dos compostos ativos, além de dar ao vegetal sabor amargo. Se for cozinhar no vapor, descubra a panela por alguns segundos a cada dois ou três minutos para impedir a formação de gases sulfurosos.

Finalmente, quanto ao brócolis, evite comprar aquele que está com as flores abrindo (sinal de que já não está tão fresco). A melhor forma de consumi-lo é fazer um escaldamento, que consiste em mergulhar o vegetal em água fervente e retirá-lo rapidamente. Você pode também cozinhá-lo no vapor.

Quanto devemos consumir?

Por enquanto, dados científicos sobre a quantidade ideal do consumo de crucíferas para prevenção de doenças não foram estabelecidos. Mas você pode, desde já, incluir no seu cardápio a ingestão de uma xícara de chá, duas vezes ao dia, de brócolis, repolho, couve, couve-flor e couve-de-bruxelas. Essa quantidade é suficiente para bloquear as substâncias cancerígenas. Além disso, é bom saber que o consumo exagerado (além do recomendado aqui) não é indicado, pois esses vegetais possuem muito amido, substância que pode ser fermentada pelas bactérias do intestino, causando gases.

7

Por que peixes e óleos de peixes fazem bem ao coração?

Os ácidos graxos Ω-3 levam a baixos níveis sangüíneos de triglicerídios, colesterol e LDL e VLDL-colesterol

Do ponto de vista nutricional, os peixes e seus produtos são excelentes fontes de nutrientes. O peixe é fonte de proteína de boa qualidade e é rico em minerais, com exceção do ferro. Entretanto, o que chama mais a atenção dos pesquisadores é a presença de um tipo de gordura poliinsaturada, denominada ácido graxo ômega-3 (Ω-3), e que só recentemente tornou-se conhecido da população devido à incorporação em alimentos como ovos, leite etc.

Mas o que muita gente não sabe é que o interesse científico nos ácidos graxos Ω-3 é antigo e iniciou-se mais precisamente na década de 70, quando estudos revelaram baixa incidência de doenças cardiovasculares entre esquimós groenlandeses, cujas dietas eram ricas em gordura animal, proveniente principalmente de animais marinhos. Na época, observou-se que os peixes e óleos de peixes consumidos pelos esquimós continham grande quantidade dos ácidos graxos Ω-3 (principalmente aqueles designados de EPA e DHA), levando a baixos níveis sangüíneos de triglicerídios, colesterol e LDL e VLDL-colesterol. Além disso, entre os esquimós foram observados altos níveis de HDL-colesterol, parâmetro bioquímico associado a baixo risco para doenças cardiovasculares.

Assim, desde a década de 70 os estudos não pararam, e hoje sabe-se que, além de esses ácidos graxos serem importantes na prevenção e no controle de doenças cardiovasculares, aterosclerose, hipertensão e desordens inflamatórias e auto-imunes, podem proteger contra o câncer. Não bastasse, os pesquisadores descobriram que um desses ácidos Ω-3 (o DHA) é extremamente importante para o cérebro e para a retina, sendo que baixas concentrações de DHA no plasma têm sido associadas à incidência maior de doenças como depressão, mal de Alzheimer e problemas de acuidade visual. Por isso, os cientistas alertam para que as pessoas consumam em suas dietas peixes e óleos de peixes e microalgas, pois esses ácidos graxos não podem ser produzidos no nosso organismo.

Os estudos indicam que nem todos os peixes possuem ácidos Ω-3 em abundância: os peixes ricos nesses ácidos são os gordurosos, encontrados em águas salgadas e profundas, como por exemplo cavala, atum, bacalhau, arenque e salmão. Além disso, a temperatura da água exerce grande influência. Por exemplo, em um dos estudos com peixes, os pesquisadores observaram aumento significativo de ácidos graxos Ω-3 e de outros ácidos graxos poliinsaturados em trutas após sua transferência de uma água com cerca de 12° C para outra com cerca de 5° C.

VARIAÇÃO DO CONTEÚDO DE ÁCIDOS GRAXOS Ω-3 EM VÁRIOS ÓLEOS DE PEIXES		
ÓLEO FONTE	% Ω-3 EPA	% Ω-3 DHA
Bacalhau	17	37
Fígado de bacalhau	8	19
Savelha	24	8
Sardinha	17	12
Tubarão	6	27
Lula	15	37
Salmão	9	10
Truta	5	30
Atum	8	27

Outra informação interessante é que, com relação ao conteúdo de gordura, os peixes podem ser categorizados em dois tipos: aqueles que armazenam gordura nos músculos (tais como arenque, cavala e salmão) e nas vísceras (como o bacalhau). Na última categoria, a maior parte da gordura é encontrada no fígado, que não é muito consumido; portanto, comer somente carne de bacalhau ou peixe semelhante não proporcionará quantidade substancial de ácidos graxos Ω-3.

Por que os ácidos graxos Ω-3 presentes em peixes são saudáveis ao coração?

As plaquetas são células sangüíneas que desempenham papel importante na manutenção da integridade vascular, controlando a permeabilidade das células. As plaquetas estão em constante interação com a parede dos vasos sangüíneos e, segundo os pesquisadores, têm tendência normal para juntar-se e aderir a essas paredes. Isso ocorre principalmente quando uma substância vasoconstritora, denominada tromboxane, é formada em excesso em nosso organismo. Ela causa vasoconstrição, e as plaquetas tendem a formar agregados que podem bloquear as artérias e causar trombose coronária ou cerebral. Entretanto, nosso organismo geralmente consegue impedir a ação dessa substância, produzindo outra denominada prostaciclina, potente vasodilatador e inibidor de agregação plaquetária.

Portanto, para os pesquisadores o ideal seria aumentar no nosso organismo prostaciclina e diminuir tromboxane. Várias drogas foram desenvolvidas com esse intuito; contudo, praticamente todas apresentaram problemas como diarréia e biodisponibilidade. Mas hoje sabe-se que os ácidos graxos Ω-3 conseguem aumentar a relação entre prostaciclina e tromboxane, prevenindo e controlando a agregação de plaquetas, e com isso evitando as desordens já mencionadas.

Que peixe consumir e quanto consumir?

Os peixes marinhos são os que possuem maior quantidade dos ácidos graxos mencionados neste capítulo, em especial cavala, sardinha, atum, arenque, bacalhau e salmão. Entretanto, peixes de água doce, tais como truta e cascudo, têm mostrado conter boas quantidades de Ω-3. Portanto, procure consumir peixes e outros alimentos marinhos pelo menos três vezes por semana, e não se esqueça de que os ácidos graxos Ω-3 são rapidamente depletados da maioria dos tecidos (dentro de uma semana) quando você pára com a alimentação rica nesses ácidos graxos. Por isso, para se beneficiar dos efeitos desses ácidos, consuma quantidade suficiente na semana, evitando a falta nos tecidos e, conseqüentemente, as doenças cardiovasculares.

Atualmente, países como Dinamarca, Reino Unido, Canadá e Japão têm estabelecido RDA (recomendações dietéticas alimentares) para esses ácidos graxos, devido, sobretudo, às evidências científicas acerca dos efeitos benéficos desses ácidos. A recomendação seria de cerca de 1-2 g/dia dos ácidos Ω-3.

DICAS DE COMO APROVEITAR MELHOR O ÔMEGA-3

Coma peixe fresco à vontade. Os melhores são arenque, cavalinha, sardinha, tainha, linguado, truta e atum, os chamados peixes gordos de águas frias, ricos em ômega-3.

Atum e sardinha enlatados também valem. Apenas dê preferência aos conservados em água em vez de óleo.

Escolha receitas grelhadas ou as ensopadas. Assim, você dispensa as frituras em óleos vegetais.

Se for usar algum tipo de óleo no seu peixe, prefira azeite de oliva.

Alimentos enriquecidos com ácidos graxos Ω-3 previnem ou controlam doenças?

Países da Europa, Japão, Estados Unidos e agora também o Brasil têm tornado popular o uso de suplementos do óleo de peixe enriquecendo os alimentos consumidos no dia-a-dia das pessoas, como ovos, leite, margarinas, entre outros. Entretanto, a incorporação de Ω-3 nos alimentos não é simples, já que esses ingredientes são muito suscetíveis à oxidação, o que leva a sabores e aromas muito fortes de peixe. Além disso, a quantidade de Ω-3 utilizada pelos fabricantes em seus produtos está longe de ser a recomendada pelos pesquisadores. Em muitos casos a pessoa precisaria ingerir de 1 a 2 litros ou quilos do produto por dia para ter os efeitos benéficos prometidos pelo fabricante. Por isso, nada como ingerir a fonte primária desses ácidos graxos, que são os peixes e seus respectivos óleos.

8

Os benefícios do chá verde para sua saúde

Estudos recentes confirmaram benefícios importantes para a saúde em relação ao consumo regular de chá verde

Durante séculos o chá verde chinês tem sido considerado, no Extremo Oriente, muito saudável. Depois da água, é a bebida não alcoólica mais consumida no mundo. Estudos recentes produziram resultados que afastaram muitos mitos e exageros quanto aos efeitos positivos do chá verde, mas também confirmaram alguns benefícios importantes para a saúde em relação ao seu consumo regular.

Hoje é considerado alimento funcional, que, consumido na alimentação cotidiana, pode trazer vantagens fisiológicas e específicas, graças aos seus componentes.

Existem três tipos principais de chá: o preto (indiano), o verde (japonês e chinês) e o preto chinês *(oolong)*, mas a maioria dos estudos experimentais demonstra efeitos antimutagênicos e anticarcinogênicos do chá preparado na forma verde ou de frações polifenólicas isoladas de chá verde. O chá verde é rico em vitamina K, nutriente essencial para a coagulação sangüínea. Os compostos polifenólicos antioxidantes, como as catequinas e flavóides responsáveis por controlar e prevenir certas doenças, são abundantemente presentes em ambos os chás; a diferença está no processamento. As folhas do chá preto são fermentadas. Assim, grande parte de seus princípios ativos, benéficos para a saúde, é alterada ou destruída. Isso não acontece com o chá verde. Suas folhas são expostas ao vapor da água e colhidas logo depois. Em seguida, secam naturalmente. A técnica impede a fermentação, resguardando seus compostos fenólicos.

O uso do chá verde (*green tea*) no controle e na prevenção do câncer

Os efeitos positivos do consumo do chá verde foram inicialmente descobertos quando os estudos epidemiológicos (isto é, avaliações da incidência relativa de uma doença importante entre grupos característicos de pessoas) revelaram forte ligação à redução do risco de câncer em geral e do câncer do estômago em particular.

Estudos posteriores indicaram que as catequinas são os compostos mais ativos existentes no chá verde na inibição da carcinogênese e do desenvolvimento do tumor.

O consumo de chá tem-se mostrado prática protetora contra agentes químicos indutores de carcinoma (câncer) no estômago, pulmão, esôfago, duodeno, pâncreas, fígado, mama e cólon. Vários derivados de epicatequina presentes nos chás verdes têm mostrado eficácia em reduzir e impedir a formação de tumores cancerígenos. O mais ativo deles é a epicatequina-3-galato (EGCG). Embora os mecanismos dos efeitos quimopreventivos do chá não estejam completamente esclarecidos, várias teorias têm sido propostas. Essas propriedades dos polifenóis dos chás exibem efeito quimopreventivo contra agentes de iniciação, promoção e progressão no desenvolvimento dos cânceres.

Parece que as substâncias presentes no chá verde, principalmente a EGCG, evitam o sangramento de tumores de pele, impedem o aparecimento de lesões cancerosas no estômago, ajudam no tratamento do câncer de intestino e desestimulam a proliferação das células cancerígenas do pulmão.

As catequinas e outros bioflavóides exibem atividade antioxidante semelhante à das vitaminas C e E, que também demonstram reduzir o risco de certos tipos de câncer, quando administradas como suplementos ou constituem naturalmente parte importante da alimentação. Pensa-se que a formação de radicais livres altamente reativos, que são eliminados pelos antioxidantes, tem papel fundamental nos danos do DNA, que poderão conduzir ao desenvolvimento do câncer.

O uso do chá verde na doença coronária

A presença dos antioxidantes naturais parece conferir o segundo principal benefício do chá verde, que é a probabilidade de redução do desenvolvimento da doença coronária (DC). A oxidação das lipoproteínas de baixa densidade (colesterol LDL) é uma das causas importantes no desenvolvimento da doença coronária.

Estudos *in vitro* realizados em animais sobre a oxidação lipídica revelaram que certas catequinas são cerca de dez vezes mais eficazes, como antioxidantes, do que a vitamina E. Os flavóides existentes no chá verde também demonstraram, em experiências laboratoriais, limitar a peroxidação potencialmente prejudicial das LDL. Existem provas de que as catequinas existentes no chá verde poderão reduzir o aumento da taxa de colesterol e, em particular, do colesterol LDL, quando é administrada aos animais experimentais dieta rica em gorduras.

Novamente, os dados epidemiológicos confirmam a importância da ingestão de antioxidantes. A reduzida incidência de doença coronária foi correlacionada com a existência de elevados níveis plasmáticos de vitamina E, provavelmente como resultado de dieta mais rica em antioxidantes. A administração de vitamina E, sob a forma de complemento dietético, também demonstrou reduzir o risco de DC. Também se verificou acentuada diminuição no risco de doença cardíaca nos idosos quando fazem dieta rica em bioflavóides.

A DOSE IDEAL

Para prevenir o câncer, os cientistas recomendam um litro de chá verde por dia, equivalente a seis ou sete xícaras.

Como preparar

Calcule uma colher rasa do chá verde para cada xícara de água fervendo. Deixe-o em infusão por quatro a oito minutos, tempo necessário para os princípios ativos passarem para a água.

9

O vinho tinto e o álcool: riscos e benefícios para a saúde

Para obter os benefícios do vinho sem nenhum risco, fique com as frutas e os sucos

Está na moda dizer que dois copos de vinho tinto por dia fazem bem ao coração. De fato, é isso mesmo que os estudos estão mostrando, mas é importante não ver nesses resultados possível incentivo ao abuso do álcool. Como o brasileiro está acostumado a cervejas e caipirinhas, vamos aproveitar o tema para começar tratando das vantagens e riscos das bebidas em geral.

O grupo das bebidas alcoólicas compreende a cerveja, a cachaça, o uísque, a vodca, o vinho e muitos outros destilados e fermentados.

O álcool está presente na vida do homem desde as civilizações mais antigas. Seu consumo, na maioria das vezes, está associado a festas e a estados alterados da mente. Festa sem bebida não é festa, é o que até hoje se costuma dizer.

O álcool atua como depressor do sistema nervoso central, agindo especialmente no setor da crítica, ou seja, ele faz com que as pessoas rompam suas barreiras comportamentais, ficando mais à vontade, agindo com menos precaução.

Por isso mesmo, além de estar ligado a festas e alegria, o excesso de álcool está diretamente relacionado ao aumento da violência, dos acidentes de trânsito, além de problemas de saúde. Num balanço superficial, pode-se dizer que o álcool provoca mais danos que o cigarro e todas as outras drogas juntas, as lícitas e as ilícitas. Um estudo da Associação Médica Canadense mostrou que o consumo de álcool dobrou entre 1950 e 1981.

Só para lembrar, os uísques e as aguardentes em geral — incluindo a nossa cachaça — têm teor alcoólico entre 40% e 50%. O vinho tem por volta de 12%. As cervejas ficam entre 4% e 6% de álcool. Quem bebe uma garrafa de cerveja ingere aproximadamente a mesma quantidade de álcool de quem bebe uma dose de bebida destilada. O que também corresponde a cerca de dois copos de tamanho médio de vinho.

O álcool, normalmente, é fonte energética. Por exemplo, uma garrafa pequena de cerveja significa de 70 a 125 calorias. Um copo de vinho tem cerca de 85 calorias. As duas bebidas são ricas em vitamina B12.

Justamente por ser fonte de energia, o álcool em excesso pode tomar o lugar dos alimentos nutritivos e interferir no metabolismo de alguns nutrientes. Quem bebe sempre, e muito, acaba perdendo a fome. O excesso de álcool também aumenta os riscos de câncer, principalmente de boca, faringe, laringe e esôfago.

O enigma francês

Vamos voltar ao tema inicial da nossa conversa: o vinho tinto e seus bons fluidos. As pesquisas sobre os benefícios dessa bebida começaram com uma interrogação: como os franceses, com uma culinária rica em manteiga, creme de leite e queijos gordos, morriam menos de problemas cardíacos do que americanos, ingleses, dinamarqueses, finlandeses e alemães?

Descobriu-se que o diferencial dos franceses é que bebiam mais vinho que os outros povos. Daí surgiram as primeiras pesquisas e respostas: o hábito de tomar um copo de vinho tinto às refeições ajudava os franceses a manter o coração saudável.

Pesquisas anteriores feitas ainda em 1979 apontavam relação direta entre o consumo de vinho e as doenças cardiovasculares. Os estudos mostravam baixa incidência de morte por doenças cardíacas em homens e mulheres que consumiam quantidades moderadas de vinho tinto.

Mas o que existe no vinho tinto que pode fazer bem à nossa saúde? Os compostos que são responsáveis pelos efeitos benéficos estão nas uvas. Dentre estes, o que mais se destaca é um composto fenólico chamado resveratrol.

O resveratrol é uma substância (uma fitoalexina) sintetizada pelas videiras, com o objetivo principal de proteger a planta contra infecção por fungos. Essa substância está localizada na casca das uvas, e sua concentração varia conforme o cultivo, o clima e o tipo de práticas viticulturais. Concentrações maiores de resveratrol são encontradas em variedades de uvas vermelho-roxas escuras. Como conseqüência das diferenças entre variedades e métodos de processamento das uvas, os vinhos tintos contêm muito mais resveratrol do que os brancos e *rosés*.

Por exemplo, o vinho tinto apresenta uma quantidade vinte a cinqüenta vezes maior de compostos fenólicos que o vinho branco; isso porque, no tinto, as cascas das uvas são incorporadas durante a fermentação do suco de uva no processo de produção do vinho. Uvas escuras e vinhos tintos contêm altas concentrações de fenólicos (os compostos benéficos), entre 920 e 3.200 mg/L. Para efeito de comparação, as uvas verdes em geral contêm somente 260 mg/kg de fenólicos.

Coelho "bom de copo"

O resveratrol pode exercer vários efeitos terapêuticos, parcialmente devidos ao seu potencial antioxidante. A maioria das pesquisas mostra que esse composto apresenta capacidade de prevenir a oxidação do colesterol LDL (o mau colesterol), evento crítico no processo da aterogênese, podendo, dessa forma, reduzir o risco de doenças cardiovasculares.

Além da atividade antioxidante, estudos mostram que essa substância protetora, presente nas cascas das uvas, vinhos e sucos dessas frutas, pode inibir a agregação plaquetária e a coagulação, além de possuir atividade antiinflamatória.

Recentes pesquisas mostram também que o resveratrol é potente agente preventivo do câncer. Essa substância teria a capacidade de inibir as fases de iniciação, promoção e progressão do tumor. Entretanto, o mecanismo preciso da atividade antitumoral desse composto ainda não é bem compreendido.

Um estudo desenvolvido pelo Instituto do Coração de São Paulo procurou relacionar o consumo de vinho e suco de uva com a redução do risco de problemas cardiovasculares em animais. Coelhos receberam 1 g de colesterol (vinte e cinco vezes mais do que costumam ingerir) em uma ração diária; um grupo de animais (1/3) comeu esse alimento gorduroso e bebeu água; outro terço teve direito a tomar vinho, e finalmente o restante bebeu suco de uva. Passados três meses, os coelhos que só beberam água estavam com 70% da aorta (principal artéria do coração) comprometida pela gordura. No grupo que tomou vinho, somente 38% desse vaso sangüíneo estava danificado. E no grupo que recebeu suco de uva, 45%.

Estima-se que o vinho tenha cerca de duzentas diferentes substâncias. Além do resveratrol, algumas outras já provaram ser benéficas ao organismo. Entre elas estão os flavonóides, também encontrados na cebola e na maçã, e que têm igualmente propriedades antioxidantes. Ou seja, protegem as células do organismo da ação dos radicais livres, que levam ao envelhecimento.

Dentro dos flavonóides encontrados na uva e no vinho estão a luteonina e a quercitina, que, além do poder antioxidante maior que o da vitamina E, protegem o coração contra os efeitos das gorduras.

O vinho tinto também contém procianidinas, substâncias naturais da polpa da uva, que aumentam a resistência das fibras colágenas, exercendo efeito protetor sobre as paredes dos vasos sangüíneos.

Os taninos, presentes na casca da uva, que são concentrados através dos polifenóis do vinho, impedem a destruição dos linfócitos de defesa, preservando o sistema imunológico.

Os mais ardorosos defensores do vinho tinto ainda lembram seus benefícios nas funções digestivas, além de aumentar o apetite graças à presença de um aminoácido: o triptofano.

Vinho também faz mal

Depois de todos esses elogios ao vinho, vamos às ressalvas. Para começar, o Brasil é um país de baixíssimo consumo dessa bebida. Enquanto os franceses consomem cerca de 115 litros anuais de vinho *per capita*, o Brasil consome apenas 2,09 litros por pessoa/ano, segundo dados da União Brasileira de Vinicultura. Bebemos muito mais cachaça do que vinho, porque é mais barata, tem efeitos mais rápidos, porém seqüelas mais severas.

Excesso de vinho também faz mal. É só lembrar que 100 ml contêm de 8 g a 10 g de etanol, responsável pela ressaca do dia seguinte. As linhas do limite também dependem do sexo: os especialistas consideram que 4,5 taças de vinho para o homem são prejudiciais. Para a mulher, esse nível está em 2,3 taças diárias.

Você não precisa abusar do consumo de vinho tinto para usufruir dos benefícios proporcionados pelos compostos ativos. Estudos mostram que dois cálices de vinho tinto por dia (100 ml) junto com as refeições são suficientes para proteger seu coração.

Para quem quer os benefícios do vinho sem nenhum risco, vale ficar com as frutas e os sucos. As uvas escuras, ingeridas com casca, e o suco natural são tão benéficos quanto o vinho.

Como estamos no Brasil, o mais provável é que a maioria de nós continue preferindo a cerveja. Vale repetir que ela é rica em vitamina B12, mas também em calorias: uma garrafa corresponde a cerca de 300 calorias. Para os mais animados, é bom lembrar que três rodadas com os amigos beiram as 1.000 calorias, quase a metade do consumo diário adequado.

10

O alho e a prevenção de doenças

Esse vegetal tem sido usado por mais de quatro mil anos na medicina tradicional

Eis um tempero que tem fama de "curador", embora seja mais conhecido por seu odor impregnante: o alho. Vegetal discretamente empregado na cozinha, tem sido usado por mais de quatro mil anos na medicina tradicional. É atribuída a ele a capacidade de interferir numa série de doenças, incluindo as cardiovasculares, o câncer e as infecções.

O alho pertence à família das liliáceas, a mesma da cebola, cebolinha, alho-poró e a cebola de cheiro. Existem pelo menos oitenta e oito espécies de alho em todo o mundo.

É reconhecido por médicos e botânicos há milhares de anos por seus benefícios à saúde do homem. Um papiro egípcio datado de 1550 a.C. apresenta mais de oitocentas fórmulas terapêuticas, das quais vinte e duas são remédios baseados no alho. Naqueles tempos, esses "remédios", chás, alimentos ou poções eram receitados para doenças que incluíam desde fraqueza (corpo debilitado) e dores de cabeça até tumores de garganta. Hipócrates, o pai da Medicina, declarava que o alho era excelente na cura de tumores e eficiente diurético. Aristóteles o recomendava na cura da raiva.

Os romanos davam alho tanto para os escravos quanto para os soldados, pois acreditavam que aumentava a força dos homens. Médicos indianos e chineses utilizavam o alho na limpeza de feridas e no tratamento de dor de cabeça, febre, disenteria e cólera. Há relatos de que os fenícios levavam o alho em suas viagens marítimas como remédio para vários males. Os benefícios do alho aparecem em textos do poeta romano Virgílio e no livro *Historia Naturalis*, do pesquisador Plínio. No capítulo dedicado ao alho, ele cita de tumores a asma, convulsões, insanidade mental e mordidas de cachorro.

Em 1858, dois grandes cientistas relataram descobertas importantes em relação ao alho. O microbiologista francês Louis Pasteur descobriu seus poderes bactericidas, enquanto o alemão P. W. Semmler isolou nele duas substâncias capazes de prevenir as doenças cardíacas. Mais tarde, foi demonstrado que o alho possui atividades antivirais, antibacterianas e antifúngicas.

O bulbo de alho intacto contém poucos componentes ativos. Entretanto, o corte ou trituração do bulbo desencadeia a formação de uma série de componentes que participam de complexas reações químicas. Essas reações levam à formação de pelo menos cem compostos que contêm enxofre e que podem estar envolvidos com a função terapêutica do alho.

A atividade biológica de um extrato de alho, portanto, depende do modo de seu preparo. Como seus princípios ativos são muito sensíveis ao calor, o ideal é utilizar o alimento preparado à temperatura ambiente, nas formas crua, óleo em cápsula ou suco. O alho em pó, utilizado em alguns estudos, pode ter sua eficácia comprometida pelo fato de a secagem ser feita a temperaturas próximas dos 50° C.

Um dos compostos mais importantes do alho é o aminoácido cisteína, que se fixa em substâncias como chumbo e mercúrio, conduzindo-os para fora do organismo. Com isso, poupam o fígado dessas toxinas.

A arginina é outro aminoácido abundante no alho. Estimula a secreção do hormônio de crescimento, fortalece o sistema imunológico e ajuda a remover a amônia, subproduto tóxico do metabolismo das proteínas.

O composto ativo mais estudado atualmente no alho é a alicina, poderoso agente antibacteriano. Ela é formada no alho da seguinte forma: no bulbo intacto existe um aminoácido, sem odor, denominado alicina; esse aminoácido, quando o alho é cortado e/ou triturado, é convertido em alicina (por uma enzima denominada alinase). A alicina é que dá ao alho seu odor característico.

Segundo alguns pesquisadores, às vezes é difícil mostrar a eficácia do alho, porque, já que seus compostos ativos são sensíveis ao calor, geralmente são perdidos durante o processamento do alimento. Assim, o conteúdo de alicina no alho pode variar de uma a dez vezes.

O alho e as doenças

Com relação às doenças cardiovasculares, é sabido que os compostos ativos do alho impedem que o colesterol se fixe nas paredes dos vasos sangüíneos, diminuindo as chances de formação de placas ameaçadoras, que acabam bloqueando perigosamente a circulação do sangue. Além disso, esses compostos podem aumentar a elasticidade dos vasos e relaxar pequenos músculos ao redor deles. O resultado é que os vasos mais flexíveis resistem melhor às agressões, como as da pressão alta. Não bastasse, os compostos presentes no alho têm a capacidade de diminuir as gorduras, em especial o LDL, o colesterol ruim.

Os estudos também mostram que os princípios ativos do alho podem exercer propriedades anticancerígenas. Alguns desses princípios são inibidores das nitrosaminas, substâncias tóxicas associadas ao câncer de estômago, formadas pela junção dos nitritos e nitratos, encontrados nos embutidos para dar cor e conservá-los. Além disso, o alho funciona como antibiótico, pois combate a bactéria *Helicobacter pylori*, que danifica a mucosa gástrica do estômago, facilitando o surgimento da úlcera e do câncer.

Os estudos envolvendo animais e humanos mostram que o alho exerce efeito benéfico sobre o metabolismo de gorduras, redução dos níveis sangüíneos dos triglicérides, do colesterol ruim e aumento do bom colesterol. Na maioria das investigações é utilizado suco de alho fresco ou o óleo essencial.

Em um estudo do pesquisador Augusti (1977), cinco pacientes com idade média de 55 anos e colesterol total entre 275 e 350 mg/dl (miligramas por decilitro de sangue) ingeriram suco de alho fresco por dois meses. A taxa média de colesterol, que era de 305 mg/dl antes do início do tratamento, foi reduzida para 218 mg/dl ao final do estudo. Contudo, quando a administração do alho foi interrompida, os níveis de colesterol se elevaram gradualmente, atingindo os valores iniciais dentro de dois meses.

Em outro estudo de 1986, duzentos e setenta e quatro pacientes com colesterol elevado ingeriram 0,12 g de óleo de alho por dia (equivalente a 50 g de alho cru) ao longo de um mês. As taxas de colesterol e triglicérides, que no início do tratamento eram de 260 e 273, decresceram para valores de 225 e 193. Como era esperado, as concentrações de HDL (colesterol bom) se elevaram após o tratamento.

O alho também tem sido usado no combate à hipertensão na China e no Japão, onde é reconhecido pelo órgão oficial que controla alimentos e medicamentos. Muitos estudos têm demonstrado o potencial anti-hipertensivo do alho. Em um deles, realizado na China em 1986, foi administrado óleo de alho equivalente a 50 g de alho cru a um grupo de setenta hipertensos. A redução da pressão sangüínea ocorreu em 62% dos pacientes.

Um estudo epidemiológico conduzido na China em 1982 dá suporte às propriedades anticarcinogênicas do alho. Dois grandes grupos de pessoas da província de Shandong foram comparados. Aqueles que moravam no distrito de Cangshan tinham taxa de mortalidade menor por câncer de estômago (três a cada cem mil), enquanto naqueles do distrito de Qixia a taxa de mortalidade era treze vezes maior (quarenta a cada cem mil). A causa para essa diferença foi atribuída ao consumo de alho. Os residentes de Cangshan consumiam regularmente cerca de 20 g de alho por dia, enquanto aqueles de Qixia só comiam raramente esse vegetal.

VEJA QUANTO COMER

A maioria das investigações com resultados positivos usou 20 g diárias de alho cru. Portanto, essa seria a dose ideal.

Aqui vão algumas dicas:

- Corte o alho em pedaços pequenos e acrescente-os à comida.
- Dê preferência ao alho cru, pois o calor destrói seus princípios ativos.
- Não exagere no consumo, pois doses maiores podem causar distúrbios gastrointestinais, além de outros danos ao seu organismo.

11

Alimentos transgênicos: promessa de abundância ou “praga do Egito”?

O que são, o que prometem e os riscos que podem trazer os produtos geneticamente modificados

O uso da genética na produção de alimentos modificados é certamente um dos capítulos mais fascinantes dos novos rumos que a nutrição tende a tomar daqui para a frente. Por enquanto, os transgênicos, como esses alimentos são chamados, são um misto de promessa, polêmica e preocupação.

Produtos transgênicos são aqueles que receberam um ou mais genes de outro organismo ou tiveram seus genes modificados em laboratório. Esse procedimento é realizado por meio da engenharia genética, e as alterações podem criar espécimes mais resistentes contra as pragas, torná-los insensíveis a certos agrotóxicos, modificar o sabor e até aumentar seu valor nutricional. Já se conseguiu, por exemplo, a produção de tomate com maior quantidade de licopeno, substância capaz de proteger contra o câncer de próstata.

As perspectivas da engenharia genética de alimentos são imprevisíveis, e suas possibilidades, quase infinitas. Cabe lembrar que a mutação dos genes é um processo espontâneo que ocorre nos seres vivos desde que surgiram no planeta. É essa transformação que permite o processo evolutivo das espécies, por isso mesmo é necessária e bem-vinda. O que preocupa agora é o fato de tais mudanças estarem sendo provocadas artificialmente, manipuladas pela mão do homem.

Na Europa, por exemplo, as pessoas consomem regularmente pelo menos uma dezena de produtos geneticamente alterados, vendidos nos supermercados como outros quaisquer.

No Brasil, a discussão está se concentrando em torno da soja transgênica, autorizada em vários países, e que aqui está em fase de avaliação. O caso da soja é ilustrativo quando se discutem as vantagens e os riscos dos transgênicos. No Brasil, uma empresa fabricante de herbicida — produto químico que, espalhado nas plantações, destrói as plantas daninhas — vem pedindo autorização para plantação de um tipo de soja modificado capaz de resistir ao glifosato, ingrediente ativo do herbicida.

As vantagens são claras: enquanto esse herbicida destrói todas as plantas daninhas, a soja modificada sobrevive sem prejuízos.

Nos Estados Unidos e na Argentina, metade da soja plantada tem essa modificação. As empresas de biotecnologia afirmam que fizeram testes suficientes para comprovar que tanto o cultivo quanto a ingestão da soja transgênica são seguros.

Dois outros alimentos de produção em larga escala também estão na fila de registros: o arroz e o milho. Modificados geneticamente, esses produtos estariam protegidos das pragas que ameaçam e destroem plantações inteiras, provocando prejuízos enormes e aumentos dos preços dos alimentos.

A ameaça dos transgênicos parece tão assustadora quanto as perspectivas que oferecem. Por exemplo, ninguém sabe ainda que efeitos no meio ambiente essas modificações podem causar ao longo do tempo. Nem se sabe quais danos ao organismo humano tais produtos podem apresentar dentro de cinco ou dez anos.

Um dos temores é o de que a modificação genética da soja, do milho, do arroz ou do algodão possa provocar o surgimento de "superervas daninhas", que no futuro poderiam escapar ao controle do homem, destruindo plantações em continentes inteiros.

Assim, o surgimento dos alimentos transgênicos, que acenam com a possibilidade de acabar com a fome na Terra, pode se transformar numa nova "praga do Egito", onde nuvens de gafanhotos serão substituídas por ervas daninhas que destruirão tudo o que for plantado pelo homem.

O fato é que, na atual fase, os cientistas ainda não sabem exatamente com o que estão mexendo, se a alteração de um gene não estaria afetando outros. Alguns desastres já ocorreram por conta desse desconhecimento. Em 1989, no Japão, cinco mil pessoas ficaram doentes, mil e quinhentas, inválidas e trinta e sete morreram devido ao consumo de um suplemento alimentar, o triptofano, que estaria presente em determinado alimento geneticamente modificado. A bactéria alterada, que aumentaria a produção do triptofano (aminoácido benéfico ao organismo), acabou gerando uma substância tóxica que só foi detectada quando o produto já estava no mercado. Em 1989, nos Estados Unidos, trinta e sete pessoas morreram ao ingerir alimentos com genes alterados, e o produto foi recolhido.

Alguns estudos preliminares também registram o aparecimento de alergias provocadas por alimentos geneticamente modificados, o aumento da resistência a antibióticos e o aparecimento de novos vírus. Vírus "engenheirados" estariam se recombinando com outros existentes no meio ambiente, ampliando as formas de seleção e adaptação de modo incontrolável e imprevisível.

Com muita razão, ecologistas e especialistas em nutrição do mundo todo estão exigindo leis que possam proteger o consumidor de possíveis danos dos transgênicos. Por exemplo, que os rótulos explicitem com clareza a origem, as transformações e os riscos. Concretamente, no entanto, ainda não há estudos que provem relação direta entre transgênicos e danos ao organismo. Não que não possam existir. O problema é que ainda não tivemos tempo para avaliar com segurança o que essas culturas hiperprodutivas podem provocar na nossa saúde e no organismo das próximas gerações.

Riscos ao meio ambiente são lembrados por muitos especialistas. O uso irresponsável da engenharia genética pode levar ao empobrecimento da biodiversidade.

A eliminação de insetos e microorganismos que sustentam o equilíbrio ecológico, o aumento da contaminação dos lençóis freáticos, devido ao uso intensificado de agrotóxicos, e o desenvolvimento de superervas daninhas podem semear a doença e o desequilíbrio, não a fartura.

Por tudo isso, os alimentos transgênicos ainda devem ser vistos com reservas. Para nós, simples consumidores, a preocupação é com a informação e com a exigência de pesquisas seguras. Devemos cobrar da Vigilância Sanitária e dos órgãos de defesa do consumidor que garantam a qualidade desses produtos. Enquanto não há consenso com relação à segurança desses alimentos, cabe ao governo controlar de perto o desenvolvimento e o comércio desses novos produtos. Ficção científica é sempre fascinante enquanto está na tela dos cinemas. Quando chega aos supermercados e às nossas mesas, queremos segurança, não fantasia.

12

Hipertensão: o inimigo oculto

Associada a fatores de risco, como taxas altas de colesterol e triglicérides, a hipertensão, mesmo considerada isoladamente, pode aumentar a possibilidade de infarto e de derrame

De todas as doenças silenciosas que costumam atacar nosso organismo, a hipertensão é certamente a mais nociva e a que afeta o maior número de pessoas. Estima-se que entre 10% e 20% da população mundial sofra desse mal. Entre os homens acima de 50 anos, a incidência chega a 50%. E há muitos casos registrados em crianças e adolescentes.

A hipertensão arterial sistêmica é doença crônica não transmissível, de poucas manifestações clínicas em suas fases iniciais. E um dos mais importantes fatores de risco para o desenvolvimento de acidente vascular cerebral (AVC), doenças do coração e outras patologias.

Ela ocorre quando a pressão exercida pelo sangue em movimento na parede das artérias é muito forte, ficando acima dos valores normais. As artérias são vasos que saem do coração e levam o sangue para todas as células do nosso organismo. Um indivíduo pode ser considerado hipertenso quando sua pressão arterial máxima ficar igual ou superior a 14 (140 mmHg) e a pressão arterial mínima igual ou maior a 9 (90 mmHg). O valor máximo corresponde à pressão sistólica e o inferior, à distólica. O ideal é mantermos a pressão arterial mínima em 8 e a máxima em 12. A partir desses níveis, a pressão alta começa a causar alterações em órgãos importantes do nosso organismo, como coração, cérebro, artérias, olhos e rins. Com a idade, a pressão sistólica normal tende a ser mais alta, chegando até 17 por volta dos 70 anos.

Muitas vezes a hipertensão está associada a outros fatores de risco, como taxas altas de colesterol e triglicérides. Mesmo considerada isoladamente, ela pode aumentar em até três vezes a possibilidade de infarto e em até sete vezes a de derrame.

Vários estudos têm demonstrado que o controle da hipertensão arterial reduz significativamente a morbidade e a mortalidade. Os especialistas sugerem que o paciente se conscientize de que a hipertensão não é curável, mas apenas controlável, o que fará com que se sinta muito mais motivado a tratar-se. É muito comum, por exemplo, que o hipertenso — por não ter sintoma algum da doença — resista a tomar medicações. No entanto, com o passar dos anos, essa "inimiga silenciosa" aumenta o risco de derrame cerebral, infartos do miocárdio, insuficiência cardíaca, insuficiência renal e comprometimento por lesões na retina.

Vigiar a pressão é importante em qualquer idade, especialmente quando há risco histórico familiar ou se passa dos 40 anos. Sempre que for ao médico, faça questão de que ele "tire a pressão", como se diz. Hoje há muitos aparelhos baratos e fáceis de manusear, que permitem controle da pressão em casa. Mas o que vale mesmo é a opinião do seu médico.

As raízes da doença

Embora não se possa determinar nenhuma causa específica para a hipertensão, sabe-se que diversos fatores podem contribuir para o seu aparecimento. O principal fator é "hereditário" — o indivíduo herda da família o risco de vir a desenvolver hipertensão. Além dessa causa incontrolável, fatores ambientais podem aumentar a chance de instalação da hipertensão arterial. Por exemplo, ingestão excessiva de sal (acima de 6 g diárias), aumento de peso, sedentarismo, excesso de bebida alcoólica, estresse, cigarro e uso de alguns medicamentos. Já se sabe que as quantidades de potássio, cálcio, magnésio, gordura, fibra e cafeína na dieta diária têm efeito no controle da pressão sangüínea.

A ingestão elevada de sódio e o baixo consumo de potássio estão associados à alta prevalência da hipertensão. O contrário também parece ser verdadeiro: dietas ricas em potássio e pobres em sal podem exercer efeito anti-hipertensivo. Você pode aumentar a quantidade de potássio no sangue ingerindo frutas, como a banana e a melancia, verduras, legumes e carne fresca.

O mecanismo de ação do potássio na queda da pressão arterial tem sido atribuído à sua ação diurética, alteração da atividade do sistema renina-angiotensina, alteração da resistência periférica e efeito no sistema nervoso central e periférico.

Outros estudos sugerem associação inversa entre consumo de cálcio na dieta e nível de pressão arterial, mas o seu mecanismo ainda não foi bem descrito. Observou-se redução no consumo de cálcio entre os hipertensos, quando deveria ser o contrário. O cálcio está presente principalmente no leite, queijo, requeijão, nas folhas verdes etc.

Pesquisas sugerem que a suplementação de magnésio leva à queda na pressão arterial e que a deficiência desse mineral muitas vezes está associada à hipertensão. Como o mecanismo de ação do efeito hipotensivo do magnésio não foi claramente estabelecido, recomenda-se que a sua ingestão siga as recomendações propostas para o indivíduo normal. Nos casos em que ocorre deficiência desse mineral induzida por diuréticos, ele deve ser suplementado. Você pode aumentar sua ingestão de magnésio consumindo castanhas, legumes (principalmente beterraba), soja (e derivados como tofu), grande número de cereais e vegetais verdes.

Depois que a hipertensão é diagnosticada, o tratamento pode ser feito com medicamentos ou não, dependendo dos níveis da pressão arterial, do comprometimento ou não de determinados órgãos e da presença de outras doenças. Portanto, só seu médico poderá definir qual a melhor opção.

O que você pode fazer?

Mudar hábitos é a melhor receita para combater a hipertensão. Perder peso é fundamental. Se você é obeso ou está acima do peso, comece adotando alimentação equilibrada, com menos gordura e carboidratos, e mais cereais, legumes e frutas. Estima-se que a freqüência de hipertensão entre obesos é duas vezes maior que entre aqueles que estão dentro do peso.

Veja bem o que come

Diminuir o sal da comida é importante. Nunca ultrapasse 6 g por dia, ou seja, uma colher das de chá para toda alimentação diária. Afaste a tentação do saleiro da mesa e use temperos naturais, como limão, cebola, alho e cheiro-verde.

A gordura é outro perigo. Deve-se dar preferência aos ácidos graxos poliinsaturados, presentes sobretudo nos vegetais como soja, milho, girassol, e mesmo nos peixes gordos. Embora contenham mesma quantidade de calorias que as gorduras saturadas, são extremamente importantes e devem entrar, regularmente, na nossa alimentação,

O mecanismo de ação dos ácidos graxos poliinsaturados na pressão sangüínea parece estar associado ao metabolismo do ácido linoléico. Assim, é recomendado que os ácidos graxos saturados (presentes na manteiga, gordura e queijos) não excedam 10% do total energético e que a gordura total corresponda somente a 20-30% do valor calórico total.

Em oposição aos "vilões saturados", as fibras são as "mocinhas" no duelo por pressão arterial saudável. As pesquisas vêm sugerindo que pode ocorrer queda na pressão arterial com o aumento da ingestão de fibras. Não se conhece o mecanismo dessas "mocinhas". Acredita-se também que quando há aumento de alimentos vegetais na dieta ocorra elevação na ingestão de ácidos graxos poliinsaturados, além de potássio e magnésio, que também têm efeito anti-hipertensivo.

Na "turma do mal", o álcool é um dos chefões. Apesar de promover relaxamento, acaba elevando a pressão sangüínea, mesmo em pequenas doses.

O café também não faz bem, pois suspeita-se que seu consumo seja agente hipertensivo. Não chega a ser tão prejudicial, pois eleva a pressão arterial apenas momentaneamente.

O fumo é do mal. É o mais importante fator de risco prevenível para doença cardiovascular. Estima-se que seja responsável por um em cada seis óbitos, pois a nicotina aumenta a pressão arterial e acelera a progressão da aterosclerose (depósito de gorduras nas paredes das artérias).

Para aqueles com hipertensão ou ameaçados por ela, a regra é se mexer. O sedentarismo aumenta o perigo. Procure fazer uma caminhada de pelo menos trinta minutos todos os dias ou, no mínimo, quatro vezes por semana. Os melhores exercícios para os pacientes hipertensos são: caminhar, nadar, correr e andar de bicicleta. Exercícios como halterofilismo e musculação não são recomendados para pessoas hipertensas.

Relaxar é fundamental

O estresse é fator importante no aumento da pressão arterial. Mas para cada pessoa as causas do estresse podem ser diferentes. O melhor é identificar o motivo que está gerando tensão e eliminá-lo. Na impossibilidade, deve-se tentar administrar esse problema de forma a conviver melhor com ele.

O lazer combate o estresse e faz bem. Escolha uma atividade que lhe dê prazer, como ler um livro, pintar um quadro, bordar, participar de atividades sociais ou de grupos de relaxamento. Uma atividade desse tipo pode ser muito positiva. Coloque nela todas as suas energias.

Hora do remédio

Quando seu médico prescreve um medicamento é porque considera que esse é o melhor meio para controlar sua pressão. Tome o remédio rigorosamente, conforme prescrito, observando as doses, o número de doses diárias e os horários. Fugir da receita médica é colocar em risco o tratamento e a sua saúde.

Lembre-se de que, em geral, o tratamento é para o resto da vida. Para não esquecer os horários, use referências do seu dia-a-dia, como o café da manhã, a novela predileta, o apito da fábrica ou o trem da noite, se você morar na beira de uma estrada de ferro. Mudar o remédio ou os horários é decisão que só compete ao médico. Engolir um ou mais comprimidos na hora certa não é tão difícil, e fará grande diferença na sua qualidade de vida.

Quando estiver em dificuldades, lembre-se deste ditado: "Tenha coragem para mudar o que pode ser mudado, paciência para aceitar o que não pode ser mudado e sabedoria para diferenciar uma coisa da outra".

13

Diabetes: a doença doce que amarga a vida de milhões de brasileiros

É alarmante a quantidade de pessoas que são obrigadas a conviver com a doença e controlá-la com a aplicação diária de insulina ou a ingestão de remédios

O diabetes mellitus é doença crônica degenerativa hereditária tão antiga quanto a própria humanidade. No primeiro século após o nascimento de Cristo, o médico grego Aretaeus descreveu uma doença em que o corpo "comia sua própria carne" e liberava grandes quantidades de urina. Ele denominou essa doença de diabetes, palavra grega que significa "sifão", ou seja, passagem através de um sifão. Muito mais tarde, no século XVII, a palavra "mellitus" (cujo significado é "como mel") foi acrescentada devido à natureza adocicada da urina das pessoas com a doença.

Segundo os dados do *Diabetes Mellitus — Guia Básico para Diagnóstico e Tratamento*, do Ministério da Saúde (1996), essa doença atinge de cinco a sete milhões de brasileiros. Desse total, 90% são portadores do diabetes do tipo II, ou seja, adulto ou com início na maturidade. Geralmente atinge pessoas com mais de 40 anos de idade, quase sempre obesas. Elas produzem insulina, mas o organismo oferece resistência à ação do hormônio. Diante disso, o tratamento para controle da doença é feito com dieta e hipoglicemiantes orais.

Segundo alguns médicos, o diabetes do tipo II tem forte carga hereditária, ao passo que o tipo I tem carga genética menor.

Cerca de 5% a 10% dos casos de diabetes são do tipo I, ou diabetes infanto-juvenil, que se manifesta mais comumente nos jovens, mas pode ocorrer em qualquer idade. Os sintomas aparecem bruscamente, ocorrendo destruição de células do pâncreas, órgão que produz insulina. Nesse caso, o único tratamento é a aplicação diária de insulina.

O diabetes do tipo gestacional, por sua vez, é descoberto durante a gestação e desaparece com o nascimento do bebê. Esse tipo representa de 2% a 3% das gestações, e 2% estão associadas a outras doenças. Segundo alguns pesquisadores, é muito grande a possibilidade de uma mulher que sofreu esse tipo de diabetes vir a desenvolver o diabetes tipo II cerca de vinte anos após o nascimento do filho. Agora, para a criança, o diabetes gestacional pode significar aumento acentuado de peso, desenvolvimento de hipoglicemia (queda de açúcar no sangue), maior incidência de icterícia, sem contar a chance de o bebê vir a falecer ainda dentro da barriga da mãe, em torno do oitavo mês de gravidez.

O diabetes é uma das causas mais comuns de cegueira nos Estados Unidos e responsável por 25% de toda nova doença renal em estado terminal a cada ano. A proporção de doenças cardíacas é de duas a três vezes maior nos indivíduos diabéticos do que nos não-diabéticos, e a expectativa de vida é somente de dois terços de sua população geral.

Os números alarmantes escondem grande contigente de pessoas que são obrigadas a conviver com a doença e controlá-la através de aplicação diária de insulina (tipo I) ou da ingestão de remédios (tipo II). De qualquer forma, em ambos os casos é necessário que o paciente esteja bastante consciente do problema, siga as recomendações médicas e pratique exercícios físicos com a finalidade de melhorar a qualidade de vida. Em detalhes, seja qual for o tipo, o diabetes significa um conjunto de doenças com alterações do metabolismo dos açúcares no sangue em virtude da falta de insulina.

Fatos que favorecem o diabetes tipo II

IDADE: A tolerância à glicose declina com a idade. Pesquisas mostraram que homens que estavam com idade entre 65 e 74 anos foram dez vezes mais propensos a ter diabetes quando comparados a homens de 25 a 34 anos; e mulheres mais velhas foram onze vezes mais inclinadas a ter diabetes do que as mais jovens.

Várias teorias têm sido propostas para explicar esse aumento de glicose no sangue que ocorre com a idade, como por exemplo a diminuição de insulina, de mudanças nos receptores de insulina ou na composição do corpo.

OBESIDADE: A incidência de diabetes é três vezes mais alta no obeso do que no não obeso; o aumento de insulina no sangue é também observado, e acredita-se que a resistência a ela se desenvolva devido ao incremento na massa de tecido adiposo (gordura).

ESTRESSE: Ansiedade mental e fisiológica podem tanto diminuir a tolerância à glicose como precipitar o diabetes em pessoas cuja tolerância já está em declínio. Ansiedade mental pode agravar a doença por liberar catecolaminas, as quais diminuem a tolerância à glicose. Embora alguns pesquisadores discordem quanto às causas que levam o estresse a desencadear o diabetes, alguns afirmam que o estado emocional, pelos mais variados motivos, pode ser responsável pelo desenvolvimento da doença. O estresse, segundo eles, pode fazer aflorar a doença que já estava se desenvolvendo e era desconhecida, visto que todo o estado de estresse pode aumentar a produção de hormônios que inibem a produção de insulina.

Nessa situação, a pessoa que já tenha predisposição à doença e que passe a comer sem controle ao mesmo tempo que se torna mais ansiosa é candidata a se tornar diabética.

DROGAS: Diuréticos, como furosemida e glicocorticóides, podem prejudicar a tolerância à glicose ou agravar o diabetes existente.

O que você mais precisa saber sobre a doença?

NÍVEL DE GLICOSE NO SANGUE: O diagnóstico do diabetes mellitus é feito geralmente medindo-se a glicose plasmática (sangue) em jejum, às vezes combinada com um teste de tolerância à glicose oral ou uma glicose pós-prandial plasmática. O nível normal de glicose no sangue é de 70 a 110 mg/dl;[2] taxas de 110 a 125 mg/dl são consideradas suspeitas (exigem outros exames); mais de 126 mg/dl: é diagnosticado o diabetes.

SINTOMAS: Muita sede, fome, diurese aumentada, ou seja, vontade de urinar várias vezes ao dia e à noite, perda de peso, maior possibilidade de apresentação de processo infeccioso (nas mulheres é mais freqüente na parte genital) e dificuldade de cicatrização, caso o nível de glicose no sangue seja muito alto (hiperglicemia). De acordo com alguns pesquisadores, as principais e mais freqüentes complicações do diabetes são as alterações de visão, rins, nervos do corpo e vasos (artérias). No que diz respeito aos olhos, o diabetes tem sido a principal causa de cegueira nos países desenvolvidos, e no que se refere aos rins pesquisas mostram que a nefropatia diabética é a principal causa de diálise nesses países.

Para evitar que essas complicações ocorram, é muito importante que as pessoas façam o controle do nível de glicose no sangue. A diálise também pode ser evitada ou retardada através de um controle rígido da doença, principalmente da pressão arterial. Alguns médicos afirmam que o diabético deve fazer uma vez por ano um exame oftalmológico de fundo de olho e verificar a dosagem de microalbuminúria (perda de albumina-proteína pela urina), pois se pequenas alterações forem detectadas haverá chances de tratamento, ressaltam.

2. 1 dl (decilitro): 1 décimo de litro.

Na parte da neuropatia (nervos), pesquisas mostram que as conseqüências podem ir desde formigamento das mãos e pés, hipotensão postural (queda de pressão quando a pessoa se levanta) até impotência sexual. Em relação a problemas de artérias podem ocorrer arteriosclerose, doenças coronárias (infartos ou anginas), doenças dos vasos do cérebro, que podem levar ao derrame, ou ainda nos vasos das pernas, com possibilidade de formarem-se feridas, chegando até a amputação.

TRATAMENTO: Atualmente, o tratamento do diabetes é feito com uma equipe multidisciplinar, composta por médicos, enfermeiras, psicólogos e nutricionistas. Os transplantes de pâncreas e rins, associados e simultâneos, têm sido indicados apenas em alguns casos de insuficiência renal.

FIBRAS: Muitos estudos têm mostrado que o consumo de algumas fibras afeta o metabolismo da glicose. As fibras solúveis em água são vistas como mais eficazes em provocar mudanças no metabolismo dos carboidratos do que as insolúveis. Essas fibras solúveis, encontradas na aveia, no bagaço de laranja, na casca de frutas, como maçã e goiaba, e gomas, como guar, carragena etc., podem reduzir a hiperglicemia (alta taxa de glicose no sangue), pois, quando ingeridas, provocam atraso do esvaziamento gástrico (atraso na liberação do bolo alimentar do estômago para o intestino); com isso a glicose vai sendo liberada lentamente no intestino delgado, e sua concentração no sangue eleva-se também mais lentamente. Assim, o consumo de alimentos ricos em fibras junto com as refeições funciona como adjunto no tratamento do diabetes.

Considerações finais

A aceitação do fato de que uma pessoa tem uma doença crônica que requer alteração no estilo de vida é sempre difícil. Isso é particularmente verdadeiro no diabetes mellitus, pois os pacientes em geral estão cientes de que são vulneráveis a complicações. Devem-se evitar os extremos: a preocupação excessiva com a doença ou a negligência em relação a ela. O paciente precisa aprender a conviver com a doença, e não para a doença.

14

Hipoglicemia: o que fazer quando o nível de glicose no sangue está abaixo do normal?

É importante identificar a causa da hipoglicemia, conhecer os sintomas e saber como tratar as reações

A hipoglicemia, ou baixos níveis de açúcar no sangue, ocorre quando a taxa de glicose está abaixo de 70 mg/dl (o limite ideal de glicose no sangue fica entre 70 e 110 mg/dl). O começo da hipoglicemia pode ser repentino e progredir para a inconsciência, se não for tratada. É importante identificar a causa, saber os sintomas e como tratar as reações. A glicose é uma das principais fontes de energia para nossas células, sendo que para as do sistema nervoso é a única. Para essas células, ficar sem energia por tempo prolongado pode produzir danos severos e irreversíveis.

Para garantir o bem-estar e o bom funcionamento do organismo como um todo, a glicemia deve ser mantida dentro de limites estáveis, o que se consegue mediante a interação entre ingestão de glicose, sua liberação de depósitos endógenos e a liberação de vários hormônios.

Hormônios da família dos glicocorticóides, adrenalina, glucagon, hormônio de crescimento e insulina participam da regulação dos níveis de glicose no sangue. Os dois primeiros são muito importantes em situações de estresse. Dentre estes, o mais importante é, sem dúvida nenhuma, a insulina. A insulina é produzida pelas células beta, localizadas nas ilhotas de Langerhans, no interior do pâncreas. O principal estímulo à secreção de insulina é o aumento de níveis de glicose no sangue. Portanto, a insulina é responsável pelo controle de açúcar no sangue. Por isso, observa-se que:

- Quando a produção de insulina é insuficiente para o nosso organismo, o sangue fica com excesso de açúcar (hiperglicemia), ocasionando o diabetes;
- Quando a produção de insulina é superior à necessidade do nosso organismo, o nível de açúcar do sangue diminui, ocasionando a hipoglicemia.

Causas da hipoglicemia

Em geral, quando há queda dos níveis séricos de glicose, o paciente tem manifestações clínicas que variam do imperceptível, passando por sensação de sonolência, fome ou fadiga, cefaléia (dor de cabeça), tontura, visão dupla, sudorese profusa (suor intenso), tremores, palpitações, mudanças de humor, distúrbios de comportamento, sensação de parestesia ou paresia até chegar, nos casos mais graves, a apresentar convulsões e coma. A hipoglicemia é distúrbio evitável. Pode ocorrer nas seguintes situações:

- Falta de refeição regular ou fora do horário.
- Pouca quantidade de alimentos.
- Administração de alta dose de insulina ou ingestão de maior quantidade de hipoglicemiantes orais.
- Quando o paciente fica sem comer, atrasa suas refeições ou come muito pouco.
- Quando apresenta vômitos e diarréia. Quando pratica exercícios físicos excessivos (esporte ou trabalho pesado), principalmente não estando bem alimentado por doses excessivas de insulina ou hipoglicemiantes orais.
- Por excesso de bebidas alcoólicas, que impedem a liberação de glicose pelo fígado.

SINTOMAS DA HIPOGLICEMIA
Fome
Fadiga
Tontura
Taquicardia
Suores
Pele fria, pálida e úmida
Visão turva ou dupla
Dor de cabeça
Dormência nos lábios e na língua
Irritabilidade
Desorientação
Mudança de comportamento
Convulsões
Perda do conhecimento

Em caso de suspeita de hipoglicemia, você pode notar um ou mais desses sintomas. Ao detectar o(s) sintoma(s) deve-se proceder tendo como objetivo principal elevar o nível de açúcar no sangue.

Se possível, verifique sua glicemia com tiras reagentes. Este teste mede o açúcar no sangue. Não é aconselhável fazer esse teste na urina, pois o resultado não é confiável no momento da hipoglicemia.

Muitos pacientes, com o tempo, podem não apresentar sintomas de hipoglicemia, ou apenas leve sonolência. As razões para isso são complexas. Os pacientes suscetíveis a essa situação devem evitar manter seus níveis de glicemia abaixo de 100 mg/dl, fazendo monitorizações de glicose com maior freqüência. O objetivo do tratamento é elevar o açúcar no sangue, que se encontra muito baixo, restaurando o bem-estar.

COMO EVITAR A HIPOGLICEMIA

Programe suas atividades físicas.

Consuma alimentos extras antes de exercícios físicos.

Cumpra o plano alimentar: horário, quantidade e qualidade da comida.

Em casos de vômitos e diarréia, informe seu médico imediatamente e utilize a medicação prescrita nas doses indicadas por ele.

Evite bebidas alcoólicas.

Em situações especiais, como viagens, festas, entre outras, intercale sua alimentação regular com lanches extras, de acordo com a situação.

Para evitar a hipoglicemia o paciente deve seguir estritamente as doses de medicação prescritas pelo seu médico. Não deve ingerir outros medicamentos receitados por outros médicos sem consultar seu diabetologista, pois muitos medicamentos interagem com os hipoglicemiantes, potencializando sua ação e induzindo a hipoglicemia.

Procure seguir as orientações dietéticas, respeitando o número de refeições, jamais deixando de se alimentar. Caso pretenda mudar suas atividades físicas, seja por mudanças no trabalho ou por iniciar a prática de um esporte, converse com seu médico para que proceda a uma adaptação em sua dieta e plano terapêutico.

IMPORTANTE: ALGUNS PONTOS ESSENCIAIS

É muito importante consumir sempre uma fruta no intervalo das refeições.

Episódios freqüentes de hipoglicemia ou exageros no tratamento podem contribuir para o ganho de peso.

É importante instruir familiares e amigos próximos sobre as causas, os sintomas e o tratamento apropriado para a hipoglicemia.

Nunca dê a um diabético comida ou líquido para tratar a hipoglicemia se ele estiver incapacitado de engolir ou inconsciente.

Use sempre um cartão de identificação de diabético ou hipoglicêmico. Ele poderá salvar sua vida.

Reconheça os sintomas e trate-os prontamente.

Hipoglicemias noturnas podem se manifestar com pesadelos, gritos, além dos sintomas mencionados.

Pode acontecer hipoglicemia sem sintomas, e sua detecção só é possível ao fazer o exame de glicemia no sangue.

Por isso é importante realizar autocontroles domiciliares e informar o seu médico. A hipoglicemia pode ser evitada se você conhecer o metabolismo do seu corpo.

15

Anemia por deficiência de ferro: um problema sério de saúde pública

A dieta inadequada faz com que a anemia apareça em crianças rechonchudas e pessoas que, aparentemente, gozam de excelente saúde

Grande preocupação hoje no Brasil são os dados recentes divulgados por um estudo que está sendo conduzido por várias universidades estaduais e federais. Esse estudo mostra dados alarmantes sobre a anemia infantil no nosso país. Ele aponta que 45% das crianças brasileiras com até 3 anos apresentam quantidades insuficientes de ferro no sangue, resultando no que chamamos de anemia ferropriva. Nos anos 70, as taxas nacionais de anemia infantil eram próximas de 20%.

Os resultados preocupam, pois estima-se que praticamente metade das crianças brasileiras pode ter o crescimento retardado e o aprendizado escolar comprometido devido à ingestão de dietas pobres em ferro. Entretanto, esse problema não é típico de populações mais pobres, nem de crianças mais magras. A dieta inadequada faz com que a anemia apareça em todas as classes sociais e em crianças rechonchudas, que aparentemente gozam de excelente saúde. Tudo depende do que os pais põem no prato de seus filhos.

O que é a anemia ferropriva?

A anemia é uma doença do sangue caracterizada pela diminuição dos glóbulos vermelhos ou, mais precisamente, da quantidade de hemoglobina presente nesses glóbulos. A hemoglobina é uma proteína muito importante do sangue, pois contém o ferro e o oxigênio necessários para alimentar os tecidos do corpo. Portanto, quando há diminuição dos glóbulos vermelhos ou da hemoglobina, os tecidos começam a receber quantidade inadequada de oxigênio e não conseguem trabalhar normalmente.

Existem várias causas de anemia, cada uma levando a diferentes alterações nas células do sangue, mas no final os sintomas são sempre os mesmos. A causa mais comum é a falta de ferro, devida tanto a uma dieta pobre desse mineral quanto a uma perda intensa de sangue, como nos traumas ou nas menstruações abundantes. Também pode ocorrer naquelas pessoas com úlcera ou problemas intestinais, que levam à perda de sangue pelo vômito ou pelas fezes.

Algumas pessoas apresentam perdas constantes de sangue muitas vezes não detectadas, como é o caso de pacientes com câncer de rim e intestino, que levavam a uma anemia crônica. Portanto, resumindo, as três causas básicas da anemia ferropriva são:

1. perda crônica de sangue, tais como úlcera péptica que sangra, hemorróidas, parasitas ou câncer;
2. absorção ou ingestão deficiente de ferro, resultado de dieta pobre desse mineral ou de distúrbios gastrointestinais crônicos, tais como diarréia ou doença intestinal;
3. maior requisito de ferro devido ao volume de sangue aumentado, como se observa na infância, adolescência e gravidez.

É importante também salientar que bebês prematuros ou aqueles cuja mãe teve anemia na gravidez, e ainda aqueles que foram amamentados por pouco tempo, provavelmente terão carência de ferro, e isso deve ser levado em consideração pelo pediatra. Já os bebês amamentados no peito não correm tanto risco, pois o leite materno possui dosagem suficiente de ferro que é imediatamente aproveitado pelo organismo. Entretanto, após 4 ou 6 meses de idade, o leite materno passa a não suprir todas as necessidades do bebê, e os cuidados com a alimentação aumentam.

Existem também outros tipos de anemia, como os causados por deficiência de vitamina B12, ácido fólico ou por problemas hereditários em que há alteração genética na produção de hemoglobina; entretanto, este capítulo tratará somente da anemia causada por deficiência de ferro.

Quais são os sintomas da anemia ferropriva?

O sintoma mais comum é a palidez bem evidente nas mucosas, principalmente nas pálpebras. Também há fadiga, fraqueza, cansaço fácil ao se exercitar, sensação de tonteira e desmaio, falta de ar. Alguns pacientes apresentam falta de apetite, o que piora mais a situação. É muito comum o paciente se queixar de palpitação, pois o coração bate mais rápido para compensar a falta dos glóbulos vermelhos. A criança anêmica se torna menos atenta e mais apática na escola. O seu crescimento físico e mental pode ser retardado.

Qual é o diagnóstico da anemia ferropriva?

O diagnóstico é feito através do exame de sangue, tanto na contagem dos glóbulos vermelhos como na dosagem de hemoglobina. Também podem-se fazer outros exames de sangue para detectar alterações da hemoglobina. Os níveis de ferritina plasmática e da saturação de transferrina são muito importantes. É útil fazer também exame de fezes e de urina para detectar se há perda de sangue pelo intestino ou pelos rins.

Em casos mais severos, é bom fazer exame da medula óssea, para ver se a produção de sangue está normal ou não.

Segundo a Organização Mundial de Saúde, os valores que caracterizam a anemia são:

FAIXA ETÁRIA	HEMOGLOBINA
Homens adultos	<13 g/dl
Mulheres adultas	<12 g/dl
Crianças de 6 meses a 6 anos	<11 g/dl
Crianças de 6 a 14 anos	<12 g/dl

Quais são os cuidados nutricionais na anemia ferropriva?

Além da medicação, deve ser dada atenção ao ferro absorvível no alimento. Fígado, rim, carne, gema de ovo, frutas secas, ervilhas e feijões secos, castanhas, vegetais verdes, pão integral e cereais enriquecidos estão entre os alimentos com maior conteúdo de ferro (veja a tabela da página seguinte). Outro elemento nutricional importante que deve estar presente no tratamento da anemia ferropriva é a vitamina C (presente em laranja, acerola, limão etc.), que se ingerida com a alimentação melhora a absorção do ferro.

Em resumo, podem ser feitas as seguintes recomendações:

1. Melhorar as escolhas de alimento para aumentar a quantidade de ferro dietético total.
2. Incluir uma fonte de vitamina C em cada refeição.
3. Evitar beber grandes quantidades de chá ou café com as refeições (pois diminuem a absorção do ferro por conter taninos).
4. Evitar grandes quantidades de edulcorantes, verificando os rótulos dos alimentos para ver a sua presença.

AS RECOMENDAÇÕES DIÁRIAS DE FERRO SÃO:

Crianças	sexo feminino	10 mg
	sexo masculino	12 mg
Adolescentes		15 mg
Adultos	homem	10 mg
	mulher	15 mg
Gestantes		30 mg

ALIMENTOS RICOS EM FERRO

ALIMENTOS	PORÇÃO MÉDIA	FERRO, MG	
	PESO (G)	POR PORÇÃO	POR 100 G
Açúcar mascavo	15	0,4	2,6
Almôndega	30	0,7	2,2
Ameixa seca	50	1,7	3,3
Amêndoas	15	0,7	4,4
Arroz marrom	15 seco	0,3	2,0
Aveia	15 seco	0,7	4,5
Avelã	15	0,6	4,1
Beterraba cozida	75	2,4	3,2
Bife, costela assada, cozida	60	1,8	3,0
Bife de fígado	60	4,7	7,8
Cacau	7	0,8	11,6
Caju	15	0,8	0,5
Castanha-do-pará	15	0,5	3,4
Centeio integral	15	0,6	3,7
Chocolate amargo	30	1,3	4,4
Chocolate branco, doce	30	0,8	2,8
Coco fresco	15	0,3	2,0
Coração, bife	60	2,8	4,6
Couve	75	1,7	2,2

Damasco seco	30	1,5	4,9
Ervilha seca	30 seco	1,4	4,7
Espinafre cozido	75	1,5	2,0
Farinha de trigo enriquecida	15	0,4	2,9
Farinha de soja (gord. média)	15	2,0	13,0
Farinha integral	15	0,5	3,3
Feijão branco	30 seco	2,1	6,9
Feijão de soja seco (s/caldo)	25	2,0	8,0
Fermento compressado	30	1,5	4,9
Figo seco	30	0,9	3,0
Flocos de trigo	15	0,5	3,0
Fubá enriquecido	15 seco	0,4	2,9
Gema de ovo	20	1,4	7,2
Lentilha	30 seco	2,2	7,4
Levedura seca	15	2,7	18,2
Língua, bife	60	1,7	2,8
Lingüiça de porco	60	1,4	2,3
Lombo de porco cozido	60	1,8	3,0
Marisco	60	4,2	7,0
Melaço branco	20	0,9	4,3
Nabo, talo	60	2,2	3,6
Noz	15	0,3	2,1
Noz pecã	15	0,4	2,4
Ostra crua	60	3,4	5,6
Ovo inteiro	50	1,4	2,7
Pão integral	25	0,6	2,2
Peru	60	2,3	3,8
Pêssego seco	30	1,9	6,9
Pipoca	15	0,4	2,7
Presunto defumado	60	1,7	2,9
Refeição completa	15	0,5	3,4
Salada	10	0,4	4,3
Sardinhas	60	1,6	2,7
Tâmaras	30	0,6	2,1
Toucinho defumado	25	0,8	3,3

16

Doença celíaca: o único remédio é o alimento

O tratamento dietético requer a exclusão de alimentos habituais na dieta do brasileiro, como pão, macarrão e biscoitos

Vamos falar agora de uma das doenças que só podem ser controladas por meio da dieta que a pessoa adota. Há outras enfermidades que se enquadram nesse item, mas a doença celíaca é uma das mais graves e mais freqüentes.

Quem sofre desse mal acaba sendo privado de todos os alimentos que são provenientes ou produzidos com cereais do tipo farinha de trigo, aveia, centeio e cevada. Para uma criança, por exemplo, significará a proibição de biscoitos, bolachas, pães e tantas outras comidas que fazem a festa dos pequenos.

A doença celíaca, também conhecida como "spru celíaco" ou "spru não tropical", ocorre por sensibilidade ao glúten. É considerada uma reação auto-imune que causa dano ao intestino delgado, levando, na maioria das vezes, à desnutrição e suas conseqüências. Os danos ao intestino levam à má absorção, o que compromete a utilização de vários nutrientes pelo organismo. A doença ocorre em indivíduos geneticamente predispostos. Com ou sem sintomas, a sensibilidade é permanente. A doença é ativada em indivíduos suscetíveis à ingestão do glúten e proteínas similares (prolaminas) de cereais como trigo, aveia, centeio e cevada. Mais precisamente, é a fração gliadina no glúten a responsável por distúrbios no metabolismo das células do intestino delgado, produzindo alteração funcional global dessas células através de mecanismos ainda não esclarecidos.

Glúten é a massa coesiva que resta quando se retiram os grânulos de amido de uma farinha de cereal. O glúten contém proteínas chamadas gliadinas, e a fração α-gliadina, encontrada no trigo, centeio, aveia e cevada, está implicada na patogênese da doença.

Os sintomas clássicos incluem: pouco crescimento, perda de peso, má nutrição, diarréia, esteatorréia (gordura nas fezes), podendo ainda o indivíduo manifestar uma série de outros sintomas e sinais, tais como distúrbios de comportamento, anemia e constipação (intestino preso).

A incidência da doença celíaca é variável de região para região, sendo que na Irlanda a proporção é de um para trezentos indivíduos; na Áustria, um para quinhentos; e nos Estados Unidos, um para dois mil, quinhentos e cinqüenta indivíduos.

No Brasil, ainda não há estatística, embora a Acelbra (Associação dos Celíacos do Brasil) tenha se empenhado em registrar todos os casos de sua incidência. Em trabalho recente, a estimativa foi de que, no país, um em cada mil indivíduos é celíaco.

Ainda não se conhecem as causas da doença celíaca. Mas já se sabe que os pacientes são portadores de genes que podem responder a algum fator deflagrador que ativa a doença, tais como infecção, cirurgia, gravidez, parto, problemas emocionais graves etc. Nas crianças, o desmame precoce e a introdução de glúten através de farinhas colocadas nas mamadeiras podem ser o desencadeador, daí se recomendar o aleitamento materno por longos períodos. Interessante é fazer uma análise familiar retrospectiva, pois seus pais, avós, tios ou primos poderiam ter apresentado sintomas ou sinais que nunca foram diagnosticados: "gastrite", diarréia, fraqueza, anemia, alterações psiquiátricas. Pode haver história de criança com morte em tenra idade por diarréia profusa com desidratação e desnutrição (no Brasil, conhecida como "doença de macaco").

Os parentes mais próximos — que incluem avós, pais, filhos, irmãos, tios e primos — podem ter cerca de 10% de probabilidade de ser celíacos. Em pesquisa realizada pela Acelpar (Associação dos Celíacos do Paraná), através da determinação de antígenos no soro de parentes, o achado foi de 16%. É importante salientar que tais pessoas podem não apresentar queixas sugestivas de doença celíaca. Recomenda-se que, se os antígenos são positivos no sangue, a pessoa se submeta a biópsia do intestino delgado proximal.

Como a doença celíaca é pelo glúten, o tratamento dietético é fundamental, e de certa forma problemático, porque requer a exclusão de alimentos que são habituais na dieta do brasileiro e de custo relativamente baixo, tais como pão, macarrão, biscoitos, entre outros. O tratamento fundamental é a exclusão total dos alimentos que contenham glúten — trigo, centeio, cevada e aveia —, para evitar a ação tóxica da α-gliadina.

A dieta isenta de glúten faz desaparecer a diarréia, e o intestino recupera a atividade de absorção. Isso não significa, entretanto, que ocorra restabelecimento completo, mas uma cura clínica, pois a reincorporação do glúten na dieta reativa a síndrome, já que as alterações próprias da doença (localizadas no intestino delgado) persistem pelo menos durante alguns anos.

Os cereais que podem ser usados como substitutos são: farinha de milho, farinha de batata, amido de milho, farinha de arroz, farinha de soja, polvilho e araruta.

ALGUNS ALIMENTOS PERMITIDOS PARA PACIENTES PORTADORES DA DOENÇA CELÍACA:

Grupo do leite e derivados: leite *in natura*, em pó, condensado, queijo-de-minas, ricota, iogurte e coalhada caseiros, creme de leite.

Carnes: todas; presunto, lingüiça caseira.

Ovos: todos.

Gordura: manteiga, margarina, óleos vegetais, banha de porco.

Verduras e legumes: todos.

Leguminosas: todas (feijão, grão-de-bico, ervilha seca, lentilha, amendoim).

Frutas: todas.

Farinha e cereais: arroz, milho, soja, araruta, polvilho doce e azedo, mandioca, sagu, tapioca, fécula de batata, fubá, farinha de milho, amido de milho, canjica, sarraceno.

Bolos e biscoitos: preparações caseiras com as farinhas permitidas.

Doces e açúcares: todos os tipos de açúcar, mel, melaço, compotas, doces de leite, geléia de mocotó, gelatina, doces caseiros com farinhas permitidas (sorvetes e pudins).

Adoçantes artificiais: sacarina (Suita, Adocyl, Sucaryl).

Sopas: caldos puros ou sopas engrossadas com farinha e cereais permitidos, extrato de carne.

Bebidas: chá, café, refrigerantes, refresco de frutas.

Condimentos: sal, mostarda, salsa, especiarias, ervas, vinagre, temperos caseiros.

Outros: azeitona, cacau em pó, coco, fermento em pó, fermento para pão.

ALIMENTOS CONTRA-INDICADOS PARA PACIENTES CELÍACOS

Grupo do leite e derivados: todos os leites com sabor, iogurtes e queijos tipo *petit suisse* industrializados, queijo fundido.

Carnes: pastas de carne, carnes enlatadas ou embutidas (salsicha, lingüiça, frios em geral).

Farinhas e cereais: trigo, aveia, centeio, cevada, germe de trigo, flocos de cereais, preparados comerciais (pão, macarrão).

Bolos e biscoitos: todas as preparações com as farinhas não permitidas, comerciais ou não, produtos dietéticos e comerciais em geral. Salgadinhos.

Doces e açúcares: preparações comerciais, chocolates, doces concentrados de frutas (goiabada, marmelada).

Sopas: variedades prontas, em pacote ou enlatadas.

Bebidas: Ovomaltine, misturas com malte e outros, leite aromatizado, cerveja.

Condimentos: temperos, molhos e maionese industrializados.

PREPARE VOCÊ MESMO UMA RECEITA INDICADA PARA PACIENTES CELÍACOS

Biscoito de creme de arroz e fubá

Ingredientes:

145 g de creme de arroz
145 g de fubá
40 g de açúcar
40 g de manteiga
1 litro de leite
2 ovos

Modo de fazer:

Peneirar os ingredientes secos.
Acrescentar os ovos, a manteiga e o leite, misturando bem.
Formar os biscoitos e assar em forno quente.

A garantia de uma dieta isenta de gliadina requer cuidadosa verificação dos rótulos de todos os produtos embalados e de padaria. Grãos contendo gliadina podem ser não somente ingrediente básico como também adicionados durante o processo de preparação dos produtos. Proteínas vegetais hidrolisadas, por exemplo, feitas a partir de trigo, soja, milho ou uma mistura desses grãos.

Portanto, se você é celíaco ou apresenta alguns dos sintomas da doença aqui relatados fique atento, consulte seu médico e observe os rótulos dos alimentos; a legislação atual obriga que os rótulos indiquem a presença ou não de glúten.

17

Colesterol na medida certa é imprescindível para a saúde

Mesmo associado a quase todos os males do coração, o colesterol é importante para o bom funcionamento do organismo

A cada vez que um de nós avança sobre um torresmo tira-gosto ou ataca uma feijoada, há sempre alguém para dizer: "Olha o colesterol!". Infelizmente para aqueles amantes das beiradas de gordura dos contrafilés, a advertência é procedente. O excesso de colesterol, sobretudo para os organismos em que o fígado produz mais do que o necessário, pode provocar entupimentos graves nas veias e artérias.

Na verdade, o colesterol está hoje associado às coisas ruins e paga por quase todos os males do coração. Com esse medo todo, as pessoas se esquecem do quanto ele é importante para o bom funcionamento do organismo.

Só para citar alguns exemplos: o colesterol é indispensável na produção dos hormônios andrógenos (masculinos) e estrógenos (femininos), que tornam possível a reprodução humana. É importante na restauração contínua das membranas que envolvem as células. Na composição do ácido biliar que regula a digestão dos alimentos e na síntese da vitamina D, responsável pela permanente reconstituição dos ossos do corpo humano.

O nome colesterol vem do grego e significa "cálculo biliar", em função exatamente de ser o principal componente desses cálculos. Foi batizado pelo químico francês Michel Eugène Chevreul em 1815. Na realidade, Chevreul chamou essa substância de colesterine, mas outro químico francês, Pierre Berthelot, descobriu que o colesterol era um álcool e acrescentou o sufixo "ol" à palavra.

Quem é o vilão?

O colesterol só existe nos produtos de origem animal. Portanto, se algum fabricante alardear que seu óleo de milho ou girassol ou qualquer outro produto de origem vegetal não contém colesterol, estará fazendo propaganda enganosa, pois o colesterol pertence à família das gorduras e não existe em nenhum produto de origem vegetal ou mineral.

A má fama do colesterol se deve especialmente à confusão que costumamos fazer ente os alimentos e a peças que o organismo nos prega. Por exemplo, apesar de culparmos os alimentos que ingerimos, a maior fração do colesterol que circula pelo nosso corpo é produzida por nosso organismo, em especial pelo fígado. Façam as contas: 30% do nosso colesterol é fornecido pelos alimentos que ingerimos; os outros 70% são fabricados pelo próprio organismo.

O problema está em monitorar e controlar esses 30% que ingerimos. Alguém que não tenha histórico familiar de colesterol, nem tendências orgânicas para isso, poderá saborear sem risco fatias de toucinho. Já aqueles cujo fígado produz mais colesterol do que a média terão que controlar cada naco de carne que comerem.

O colesterol em excesso costuma depositar-se em forma de placas nas paredes interiores das artérias, num processo chamado aterosclerose. Esses depósitos de gordura atraem compostos de cálcio que engrossam e enrijecem ainda mais as artérias, levando à arteriosclerose. Com isso, a passagem do sangue é obstruída e coloca em risco o funcionamento do coração.

A medida de colesterol é feita examinando-se o sangue da pessoa e é expressa em miligramas (mg) por decilitro (dl) de sangue. Indivíduos com valores abaixo de 200 miligramas de colesterol por decilitro são menos propensos a desenvolver doenças cardiovasculares do que aqueles com leituras acima de 240 mg/dl.

A vocação desse "agente" para fazer o bem ou o mal depende de muitos outros caprichos. Os pesquisadores classificaram as famílias do colesterol entre más e boas. Uma delas, a LDL, as lipoproteínas de baixa densidade, são as vilãs. Quanto maior sua concentração no sangue, maior o risco para doenças cardiovasculares. As HDL, as lipoproteínas de alta densidade, são as "mocinhas". Elas arrastam o colesterol do sangue, reduzindo os riscos de doenças cardiovasculares.

Portanto, quando for analisar seu colesterol total, verifique a participação dos vilões (LDL) e dos mocinhos (HDL). Quanto mais mocinho, melhor. Mas não queira você mesmo interpretar o episódio que está acontecendo em seu organismo. Seu médico dirá o que está ocorrendo e como a história deve ser concluída.

Apesar do papel fundamental do "xerife" fígado, o nível de colesterol pode ser alterado de acordo com a dieta que adotamos. Por exemplo, as gorduras saturadas facilitam o aumento de colesterol no sangue. Elas estão presentes em todas as gorduras de origem animal, como a manteiga, as banhas e as gorduras presentes nas carnes, além da nata do leite.

À mesa com o inimigo

O colesterol está presente em grande quantidade na gema do ovo, no fígado, no rim, no pâncreas, no timo da vitela, no cérebro e nas ovas de peixe. O colesterol também é encontrado na gordura da carne, no leite integral, em cremes, nos queijos e na manteiga. Alimentos com pouco ou nenhum colesterol são frutas, vegetais, cereais, pães, clara do ovo, peixe pouco gorduroso, carne muito magra e sopas feitas sem gordura e com leite desnatado.

Só a título de comparação: 100 g de gema de ovo têm 1.500 mg de colesterol. A mesma quantidade de caranguejo tem 565 mg; carne gorda, 289 mg; queijo parmesão, 192 mg; carne magra, 123 mg.

Pesquisas já provaram que a maior quantidade de gorduras aumenta os níveis de colesterol. Quando se comparam os Estados Unidos ao Japão, constata-se que a população do primeiro tem nível de colesterol muito mais elevado que do segundo. Estamos diante do óbvio: enquanto os americanos ingerem cheese-bacon, os japoneses comem arroz e verduras.

Dos vários estudos já realizados podemos retirar alguns ensinamentos que ajudam a orientar nossa alimentação:

1. Os efeitos da alimentação no nível de colesterol são diferentes para cada organismo. O fígado normalmente compensa a alta ingestão de colesterol convertendo-o em ácidos biliares. Todavia, esse mecanismo de controle varia de pessoa para pessoa, e possivelmente de uma raça para outra.
2. Uma dieta contendo apenas gordura saturada (manteiga, gordura de carnes, banha) aumenta o nível de colesterol sangüíneo numa proporção de 40 a 50 mg por 100 ml.
3. Uma ingestão dietética de gorduras polissaturadas, como óleo de milho, canola e girassol, efetivamente baixa os níveis de colesterol sérico.
4. Há evidências que sugerem que fibras na dieta podem reduzir o colesterol sérico por se ligarem aos ácidos biliares ou favorecerem o crescimento de uma flora intestinal que produza ácidos biliares secundários, não tão bem absorvidos como os outros primários.
5. Excesso de secreção de hormônios da tireóide (hipertireoidismo) causa decréscimo nos níveis sangüíneos de colesterol. No diabetes mellitus, os níveis de colesterol sangüíneo aumentam, provavelmente devido à elevação da mobilização de lipídeos.

Sabe-se também que os níveis de colesterol no sangue estão diretamente relacionados ao exercício físico. Mais trabalho muscular, menos colesterol; aterosclerose é mais comum em rapazes do que em moças. Durante os anos férteis, as mulheres têm relativamente pouca doença cardiovascular e os níveis sangüíneos de gordura são menores. Após a menopausa, há maior freqüência de tais desordens e níveis mais elevados de colesterol no sangue. Isso sugere que os hormônios sexuais femininos representam fator protetor. Breves agressões repetidas, resultantes de febres, infecções, intensa perturbação emocional, fadiga, tensão e obesidade também são fatores responsáveis. Em certas doenças, tais como hipotireoidismo, nefrose, diabetes, doença hepática obstrutiva e pancreatite, há mais lipídeos no sangue do que normalmente, e a aterosclerose é freqüentemente associada a essas condições. Os triglicérides séricos (outro tipo de gordura no sangue) podem ser elevados também pelo uso do álcool.

Diante de mecanismos tão complexos, o melhor é verificar os índices de gordura de seu sangue pelo menos uma vez por ano, especialmente se você tem mais de 40 anos. Faça exames periódicos e siga as orientações de seu médico. Assim poderá comemorar o churrasco de final de semana com os amigos sem risco nem sentimento de culpa.

18

Intolerância à lactose

Muitas pessoas não toleram um copo de leite porque a produção de lactase em seu intestino é deficiente

O leite é um complemento dietético de grande valor nutritivo, por conter proteínas de boa qualidade, sais minerais, gorduras e lactose. A lactose é o principal açúcar encontrado no leite. Não é de ocorrência em plantas e é encontrado exclusivamente nas glândulas mamárias de animais em estado de lactação. Quando ingerida através do leite e de seus derivados, a lactose é quebrada em nosso organismo em dois outros açúcares: a glicose e a galactose.

Portanto, para que possamos digerir e absorver a lactose do leite é necessário que haja essa quebra (que na ciência chamamos de hidrólise). Quem faz isso no nosso corpo é uma enzima denominada lactase.

Entretanto, muitos indivíduos apresentam deficiência nessa enzima intestinal, resultando em habilidade diminuída para digerir a lactose do leite. Assim, a lactose não é quebrada em glicose e galactose e começa a drenar água para os intestinos osmoticamente. As bactérias intestinais fermentam a lactose não digerida, gerando ácido láctico e outros ácidos orgânicos, dióxido de carbono e gás hidrogênio. Como resultado da formação desses ácidos e gases, o indivíduo apresenta os seguintes sintomas: cólicas abdominais, flatulência, ruídos intestinais e diarréia.

Relata-se que a ingestão moderada de lactose — isto é, cerca de 5 a 12 g, que correspondem a cerca de 100-200 ml de leite — é suficiente para que se manifestem os sintomas, sendo, portanto, necessária a restrição absoluta desse alimento, bem como das preparações que o contenham.

Diagnóstico

Devido à semelhança de sintomas, a intolerância à lactose é freqüentemente confundida com alergia alimentar ao leite de vaca.

A deficiência de lactase é diagnosticada:

- A partir da história dos sintomas gastrointestinais que ocorrem após ingestão de leite.
- Por meio de um teste de níveis de hidrogênio anormais na respiração.
- Com um teste de tolerância anormal.
- Por uma biópsia da mucosa intestinal.

Teste de tolerância à lactose

É um teste utilizado para diagnosticar o problema. Ele é baseado em uma dose oral de lactose (50 g) equivalente à quantidade existente em 1 litro de leite. Durante o teste, no indivíduo com intolerância à lactose a glicose sangüínea sofre aumento menor que 25 mg/100 ml de soro acima do nível obtido no jejum. Além disso, sintomas gastrointestinais podem ocorrer, e há também aumento da produção intestinal de hidrogênio (medido através do teste de hidrogênio na respiração).

Cuidados nutricionais

Os sintomas da intolerância à lactose são aliviados com a redução ou omissão do leite e seus derivados.

ALIMENTOS NÃO-PERMITIDOS

Todos os leites *in natura* ou em pó de qualquer espécie e todos os produtos contendo leite (exceto o leite sem lactose), tais como sorvete, iogurte, leite condensado, queijo, leite maltado, Ovomaltine, alguns cafés instantâneos e bebidas de cacau, manteiga, requeijão etc.

Sobremesas preparadas com leite; bolos, biscoitos e misturas comerciais.

Maioneses com lactose, creme de leite, margarinas e molhos contendo leite.

Embutidos contendo sólidos de leite, sopas comerciais contendo lactose.

Chocolate, goma de mascar.

Observando todos os alimentos não permitidos, fica clara a importância da leitura dos rótulos dos produtos comerciais, pois muitas vezes um produto pode parecer inofensivo para o intolerante à lactose por não ser derivado do leite, mas conter em sua composição a lactose. É o caso, por exemplo, de certos antibióticos, vitaminas e preparações de sais minerais.

ÚLTIMAS CONSIDERAÇÕES

A maioria dos adultos com intolerância à lactose pode consumir pequenas quantidades sem apresentar os sintomas, sendo que ela é mais bem tolerada quando ingerida como parte de refeição do que separadamente. Entretanto, em crianças recomenda-se a exclusão total de alimentos que a contenham.

Leite e derivados tratados com enzima lactase estão disponíveis no mercado, bem como a própria enzima que pode ser adicionada ou ingerida oralmente antes de refeição contendo leite e derivados.

Dependendo da extensão na qual leite e derivados devem ser evitados, a dieta precisa ser avaliada em relação ao conteúdo de cálcio, vitamina D e riboflavina (nutrientes importantes presentes no leite). Isso é válido especialmente para crianças e mulheres.

19

Osteoporose: um mal que você pode prevenir

Saiba identificar os fatores de risco da osteoporose e como se prevenir desse problema, implementando algumas mudanças no seu estilo de vida

Para muitas pessoas a vida começa bem depois dos 40 anos. É quando os filhos saem de casa, a aposentadoria se aproxima e finalmente surge a oportunidade e a liberdade de fazer tudo aquilo que o indivíduo sempre quis. Entretanto, para muitos, aproveitar essa fase parece impossível, pois os desgastes da vida — quer seja por motivos sociais, quer econômicos — comprometem a saúde e fazem com que as pessoas aparentem muito mais idade do que de fato têm.

Para aproveitar essa fase é fundamental gozar de boa saúde. Só que para chegar com saúde à velhice é importante conhecer o funcionamento do nosso corpo e ampliar nossos conhecimentos sobre prevenção e tratamento de doenças. Uma das doenças que podem comprometer nossa velhice é a osteoporose, que pode ser prevenida e tratada. Este capítulo tem como objetivo ajudar você a identificar não só os fatores que aumentam o risco de desenvolver osteoporose como também as mudanças que poderá implementar em seu estilo de vida, a fim de reduzir tal risco. Além disso, procura conscientizar as pessoas a pressionar os médicos a fazer a pesquisa da osteoporose em seus pacientes, de forma que essa doença possa ser vencida, e a velhice, postergada.

O que é a osteoporose?

Osteoporose é uma doença caracterizada pela redução da massa e densidade óssea, gerando fraqueza dos ossos. Se o problema não é tratado, o esqueleto vai se tornando extremamente frágil, havendo então a possibilidade da ocorrência de fraturas espontâneas. O processo de perda óssea é mais comum nas vértebras, pernas e quadril, e, embora se inicie gradualmente na faixa de 34-39 anos, é tão lento que pode levar muitos anos até a pessoa se dar conta dele.

A osteoporose pode iniciar precocemente, em função do pico de massa óssea adquirido, e é uma doença silenciosa, ou seja, trata-se de um processo indolor, que progride sem nenhuma manifestação até o momento em que ocorre uma fratura.

Em 1990 houve um milhão, seiscentas e sessenta fraturas de quadril no mundo todo, sendo que dois terços delas se deram em mulheres. Para se ter uma idéia, somente nos Estados Unidos entre quinze e vinte milhões de pessoas têm osteoporose.

Quem corre o risco de desenvolver osteoporose?

Veja agora quais são os fatores mais importantes que aumentam o risco de osteoporose.

SEXO: As mulheres, de modo geral, correm maior risco de desenvolver osteoporose do que os homens. Geralmente, 80% dos pacientes com osteoporose são mulheres. A principal explicação para essa diferença é que nas mulheres a ingestão de cálcio e prática de exercícios físicos durante a adolescência é menor que nos homens (a massa óssea feminina é menor), e além disso, depois da menopausa, pode ocorrer rápida perda óssea do esqueleto devida à diminuição da produção de estrogênio. As estimativas são de que as mulheres chegam a perder de 15% a 50% de sua massa óssea nos primeiros dez anos seguintes à menopausa.

RAÇA: As mulheres de raça branca caucasianas, asiáticas e hispânicas são as mais propensas; e as negras apresentam menor risco.

MENOPAUSA: Após a menopausa, os ovários deixam de produzir estrogênio — o hormônio feminino —, importante para que os ossos se mantenham fortes. Sem ele, os ossos perdem cálcio, um de seus principais componentes. Além da menopausa, outros fatores podem provocar a diminuição do estrogênio no organismo. Em mulheres que se submeteram a cirurgia para extração dos ovários (histerectomia) e naquelas que deixaram de menstruar por longo tempo, por motivos diferentes de gravidez, é provável que o nível de estrogênio esteja muito baixo, e nesse caso o risco de ter osteoporose seja maior do que o normal.

IDADE: Após os 60 anos, quase 90% das mulheres têm perda da massa óssea.

FUMO E ÁLCOOL: O hábito de fumar e o consumo exagerado e regular de bebidas alcoólicas podem interferir na capacidade que o corpo tem de manter os ossos normais e saudáveis. Fumar acelera o ritmo de perda óssea, aumentando as probabilidades de ter osteoporose. O álcool afeta a absorção de cálcio por lesões do intestino e fígado.

FALTA DE EXERCÍCIOS: Assim como os músculos se enfraquecem quando não são usados, os ossos também necessitam de certa quantidade de exercício para permanecer fortes e saudáveis. Portanto, a resistência de nossos ossos é determinada em parte pelo esforço físico exigido do esqueleto. Pessoas confinadas à cama ou a uma cadeira de rodas, ou cujo estilo de vida seja particularmente sedentário, correm maior risco de desenvolver osteoporose.

ALIMENTAÇÃO: A ingestão inadequada de cálcio é também um dos grandes fatores que podem ocasionar a osteoporose, já que 99% de todo o cálcio do organismo estão presentes nos ossos e dentes. Portanto, qualquer pessoa com deficiência nutricional, ou cujo regime alimentar seja pobre em alimentos ricos em cálcio, corre risco de ter a doença. Entretanto, apesar de o consumo de cálcio durante toda a vida ser essencial para a boa saúde dos ossos, estudos mostram que a quantidade de cálcio retido pelos ossos é mais importante do que a consumida. Estudos de balanço indicam que a perda de cálcio urinária, preferencialmente do que o consumo de cálcio, é o fator predominante para explicar as variações no balanço de cálcio entre as mulheres.

Vários fatores dietéticos aumentam as perdas ósseas de cálcio através da urina. Um deles são dietas ricas em proteína animal. O consumo excessivo de sal e de cafeína também. Já dietas com excesso de fosfatos (bebidas gasosas são ricas em fosfatos) podem alterar o balanço cálcio/fósforo, invertendo-o, com predomínio do fósforo.

Outro fator que interfere na taxa de cálcio é a falta ou quantidade insuficiente de vitamina D, indispensável para a boa absorção intestinal do cálcio.

BAIXO PESO: Mulheres de baixo peso são mais propensas a ter baixa densidade óssea. Isso porque primeiramente seu esqueleto é menor. A partir do momento em que seus ossos começam a se debilitar após a menopausa, eles atingem um estágio no qual sofrem fraturas mais facilmente do que mulheres com constituição normal.

DIABETES: Indivíduos com diabetes geralmente apresentam decréscimo de massa óssea. No entanto, estudos têm mostrado que o diabetes não seria o fator responsável, e sim a dieta a que os pacientes se submetem no decorrer de sua vida. Por isso, o tratamento do diabetes deve ser acompanhado de orientação rigorosa da dieta, de forma a prevenir o problema de perda de massa óssea.

Hipertireoidismo e hiperparatireoidismo: O hipertireoidismo causa perda óssea, e o uso de hormônio da tireóide (para emagrecimento) também, assim como o hiperparatireoidismo.

Medicamentos: Heparina e anticonvulsivantes (fenitoína e fenobarbital) e o uso continuado de cortisona podem causar perda óssea.

Histórico familiar: Se a mãe ou avó da mulher sofreu de osteoporose, as probabilidades de desenvolver a doença são muito maiores.

Qual o diagnóstico da osteoporose?

A maneira mais comum pela qual a mulher pode descobrir que está com osteoporose é quando fratura o punho ou quadril após uma queda sem importância. Outras mulheres, à medida que envelhecem, percebem que estão diminuindo de estatura ou se curvando (corcunda de viúva), ou notam que suas roupas não estão caindo bem. Isso ocorre quando as vértebras, os ossos que formam a coluna, se tornam tão frágeis que um simples movimento corriqueiro, tal como tossir ou carregar algo, pode provocar o seu colapso. Esse colapso das vértebras é, muitas vezes, extremamente doloroso. Fraturas devidas à osteoporose, particularmente as de quadril e coluna, acarretam com freqüência dor significativa e incapacidade de trabalhar e de cuidar da família, e podem ser tão graves que a mulher passa a depender de familiares ou de pessoas da comunidade.

Atualmente exames sofisticados, como o uso de um tipo especial de raios X, o DXA (*dual-energy X ray absortiometry*), são fáceis de ser realizados, rápidos e seguros. O teste com o DXA supera o ultra-som, a radiografia tradicional e a tomografia computadorizada. Análises laboratoriais podem examinar os marcadores bioquímicos da reabsorção óssea na urina e no sangue, para avaliar o impacto do tratamento.

Quais são as medidas preventivas?

Não é possível desacelerar a marcha do tempo ou alterar os efeitos que o envelhecimento provoca em nossos corpos. No entanto, existem várias medidas que podemos tomar, a fim de reduzir os riscos de desenvolver osteoporose, entre elas:

CONSUMO DE CÁLCIO E VITAMINA D: Uma das principais maneiras de diminuir o risco de osteoporose é, antes de mais nada, ter esqueleto forte. As crianças, quando dispõem de adequada quantidade de cálcio em sua dieta, apresentam desenvolvimento ósseo excelente. Depois dos 20 anos de idade, nossos ossos param de crescer, mas indícios claros sugerem que é importante manter ingestão adequada de cálcio, seja qual for a idade da pessoa. Para a maioria dos adultos recomenda-se ingestão diária de 1.000 mg de cálcio; no entanto, se a mulher já tiver passado da menopausa, deve aumentar sua ingestão para 1.500 mg. No caso das crianças, a recomendação diária de cálcio é de 800 mg.

Quanto à vitamina D, necessária para a boa absorção do cálcio em nosso organismo, pode-se dizer que é encontrada em quantidades variáveis na manteiga, nata, gema de ovo e fígado de peixe. Entretanto, a exposição da pessoa ao sol é necessária, para que os precursores de vitamina D existentes nesses alimentos sejam convertidos em pró-vitamina D pelos raios ultravioleta. Portanto, procure expor-se ao sol pela manhã (até as dez horas).

ALIMENTOS RICOS EM CÁLCIO

Alimento	Qtde. cálcio/Qtde. alimento
Leite (integral ou desnatado)	770 mg/500 ml
Queijo	760 mg/100 g
Iogurte	150 mg/100 g
Sardinha	440 mg/100 g
Brócolis	100 mg/100 g

PRÁTICA DE EXERCÍCIOS: Exercitar-se regularmente ajuda a evitar a perda óssea e é benéfico também para o coração. Para se beneficiar dos exercícios, você não precisa executá-los vigorosamente. É mais importante que o faça com freqüência. Um passeio com o cão todos os dias é muito melhor do que uma partida de tênis uma vez por semana. Entretanto, antes de iniciar qualquer programa de exercícios físicos, é bom consultar seu médico.

LIMITAÇÃO DO CONSUMO DE ÁLCOOL E FUMO: Pequena quantidade de álcool pode não prejudicá-lo, mas, se você bebe regularmente, o risco de desenvolver osteoporose aumenta. Por isso, a sugestão é procurar um médico para ajudá-lo a reduzir a ingestão. Com relação ao cigarro, a orientação é parar de fumar pelo bem de seus pulmões, coração, circulação e ossos. Os médicos estão também aptos a orientá-lo quanto à escolha do melhor método para deixar de fumar.

OUTRAS MEDIDAS PREVENTIVAS: Estas incluem a educação preventiva da menina desde a adolescência e exames periódicos próximos da menopausa, para avaliação da necessidade do uso de hormônios.

E se você já estiver com osteoporose?

Discuta com seu médico sobre os diversos tratamentos disponíveis; assim será possível evitar qualquer futuro enfraquecimento de seus ossos. Todas as medidas preventivas aqui discutidas também ajudarão você a retardar a progressão da doença.

20

Dor de cabeça: a causa pode estar no alimento que você come

O que as pesquisas revelam sobre esse mal que atinge quase 20% da população?

De tão comum e desconfortável, a dor de cabeça é com certeza a mais freqüente e desconsiderada das perturbações cotidianas. Deu errado, é dor de cabeça. Todo o mundo sabe o que é sentir esse tipo de mal-estar. Mas cada dor de cabeça é tão diferente da outra que cada um de nós teria dificuldade em descrevê-la. São pontadas, agulhadas, um peso aqui, uma pressão ali. A maioria de nós resolve as crises com aspirinas, massagens ou bolsas de água quente.

Para alguns, no entanto, essa sensação latejante e dolorida em algum ponto do crânio chega ao insuportável. Nesses casos, o ideal é procurar a ajuda de um médico. Para aqueles que sofrem de dores de média intensidade, vale a pena buscar as causas nos transtornos do dia-a-dia e nos alimentos que ingerem.

É bom lembrar que os especialistas se dividem quanto ao grau de responsabilidade daquilo que você come na origem das dores de cabeça. Há aqueles que atribuem quase tudo à comida, há outros que imputam ao estresse, ao meio ambiente e à suscetibilidade genética de cada um. O mais provável é que todos esses ingredientes estejam relacionados com nossas dores de cabeça.

O fato é que não podemos interferir nos genes que herdamos, e pouco podemos fazer com o ambiente que nos cerca, o ar que respiramos, a temperatura que nos envolve, o cheiro do local onde trabalhamos e incontáveis fatores que alteram nosso humor e nosso sistema imunológico.

A única chave que podemos conduzir, lembram os especialistas, é a dos alimentos que ingerimos. Ainda assim, a identificação desses mecanismos terá que ser feita por nós mesmos, de preferência com a ajuda de um profissional de saúde. É que os alimentos agem e interagem de forma distinta em cada organismo. E muitas vezes é a combinação de dois ou mais elementos que vai produzir a dor de cabeça que tememos ou o bem-estar que buscamos. Meia barra de chocolate digerida duas horas depois do almoço pode propiciar bem-estar, além de prazer. Uma barra inteira engolida depois de uma picanha pode resultar em quase imediata dor de cabeça. A dor pode transformar-se em enxaqueca insuportável se você estiver irritado, atravessando período de estresse ou se sua menstruação estiver chegando. Para complicar, a dor pode surgir horas ou dias depois do excesso cometido no almoço, o que dificulta a identificação do agente causador desse mal-estar.

Na lista de vilões, como o chocolate, estão outros conhecidos provocadores de dor de cabeça, como vinho tinto, alguns tipos de queijos e certas comidas gordurosas, como o bacon. No final destes comentários, vamos listar os produtos já identificados como causadores das nossas dores de cabeça.

Na grande maioria das vezes, a dor de cabeça é provocada pela constrição dos vasos sangüíneos que irrigam a parte que fica entre o couro cabeludo e a caixa craniana. A circulação do sangue é dificultada, causando dor. Outras vezes a dor surge da constrição de vasos no interior do cérebro, reduzindo o fluxo sangüíneo e levando a sintomas neurológicos, como a perda temporária de parte da visão. Em quaisquer casos, o resultado é dor. E nas duas situações os alimentos têm sua parte de responsabilidade.

O problema é que as centenas de pesquisas realizadas sobre o tema nem sempre são conclusivas. Uma das teorias mais disseminadas aponta para possíveis leituras incorretas do sistema imunológico. Por exemplo, os mecanismos de defesa interpretam a proteína de determinado alimento como substância estranha e ameaçadora. Imediatamente, criam barreiras de proteção e ataque, provocando pequena guerra que vai resultar em dor de cabeça. Nessa briga falsa, quem padece é o paciente. Essa vítima, no entanto, é a única capaz de identificar o elemento que está disparando esses ataques falsos.

Um dos vilões identificados como causadores das dores de cabeça são os componentes dos alimentos conhecidos como aminas. A mais terrível delas, causadora de insuportáveis enxaquecas, é a tiramina. Ela está presente nas proteínas de muitos alimentos, alguns aparentemente inofensivos, como iogurtes, figo, tâmara, passas. E mais intensivamente nos vinhos tintos, nos queijos curados, nas carnes defumadas e processadas. As aminas estão presentes também nos chocolates — feniletilaminas — e nas frutas cítricas (ocatopaminas).

Para muitos de nós, a interferência desses alimentos resulta apenas em pequeno mal-estar e vaga dor de cabeça. Para outros, é o inferno. O arsenal de analgésicos pouco pode fazer nesses casos. A sugestão é tentar identificar os alimentos que fazem mal e eliminá-los ou reduzi-los do cardápio. Nem mesmo o arsenal de drogas oferecido pelos médicos pode mudar essa situação.

No terreno da dor de cabeça, ainda agimos como caça-minas, tentando identificar o elemento ou a combinação de elementos que provocam a dor. As pesquisas estão oferecendo algumas pistas. Por exemplo, já se sabe que nitritos e nitratos de sódio causam dor de cabeça em muita gente. Esses elementos estão presentes em carne defumada, presunto, salame e bacon.

O álcool é com certeza uma das importantes causas da dor de cabeça. O vinho tinto e o nobre champanhe, listados entre as bebidas saudáveis, são os principais vilões da família das bebidas alcoólicas. Os fenóis, naturais das uvas, os aldeídos, que surgem no processo de destilação, assim como os sulfitos que são adicionados são os principais causadores da dor de cabeça.

Mas também são culpadas as bebidas alcoólicas em geral, porque provocam distúrbios metabólicos no cérebro, reduzindo os níveis de açúcar no sangue. A famosa ressaca é uma das mais desconfortáveis misturas de dor na cabeça e enjôo no estômago.

No banco dos culpados pela dor de cabeça, a cafeína não está nem lá nem cá. Vários estudos apontam a abstinência da cafeína como causa de fortes dores de cabeça. Quem se habituou com essa substância tenderá a se sentir mal quando for privado dela, assim como o fumante sente a falta do cigarro e o alcoólatra fica mal sem seu copo de bebida. Vários estudos mostram que a abstinência da cafeína provoca dores de cabeça intensas. E que sua ingestão pode aliviar essas dores.

A cafeína está presente em várias bebidas disponíveis no mercado. No Brasil, é ingerida quase sempre em forma de cafezinhos, costume nacional. O problema é que alguns estudos apontam a cafeína como uma das principais causas de dores de cabeça. Os efeitos dessa substância agiriam como arapuca: nas primeiras fases de seu uso, atuariam como vasoconstritores, aliviando a dor de cabeça. Numa fase seguinte, os vasos se dilatariam, provocando dores mais intensas.

Pelo sim, pelo não, os médicos recomendam que as vítimas de enxaquecas e dores de cabeça se afastem ou reduzam o número de cafezinhos.

Há uma série de outros estudos apontando os mocinhos e os vilões da dor de cabeça e das terríveis enxaquecas. O que podemos aprender disso tudo é que a origem e o alívio das dores de cabeça, leves ou intensas, ainda precisam ser desvendados. Como especialista em nutrição humana, estou certa de que a alimentação tem importância maior do que a que vem sendo atribuída até agora.

O desafio está em nós mesmos, pois descobrir o que nos faz bem ou mal é um exercício que só a nós compete. É aqui que gostaria de acrescentar algumas sugestões. Procure identificar a reação de cada alimento no seu organismo. Veja se o que você come melhora seu humor ou provoca irritação. Note se tal prato ou tal bebida está proporcionando um sono melhor ou pior. Observe se a dieta que você adotou está aumentando sua disposição e melhorando seu humor. Procure incluir pratos mais leves e intercalar caminhadas em alguns dias da semana. Faça plano de exercícios e cardápio que não alterem muito seu cotidiano. Se você come fora, escolha um bom restaurante de comida por peso. Você poderá montar um prato com muito verde e uma equilibrada combinação de carboidratos e proteínas.

Com certeza, suas dores de cabeça diminuirão, não importa qual seja a causa.

ALIMENTOS QUE PODEM PROVOCAR DOR DE CABEÇA

Chocolate: menos o branco, que não contém tiramina.

Carnes defumadas, como salsicha, bacon, salame e mortadela.

Bebidas alcoólicas: vinho tinto, champanhe e outras de alto teor alcoólico.

Cafeína, presente no café, chá e coca-cola.

Queijos, especialmente os curados; não há restrições para ricotas, queijos cremosos e do tipo Minas.

Iogurte e *sour cream*.

Nozes, incluindo castanhas e creme de amendoim.

Frutas cítricas, como laranja, limão e abacaxi, ao natural ou em sucos.

Outras frutas, como banana, ameixa, figo e abacate.

Vegetais, como feijão, fava, vagem e cebola.

Alguns alimentos que usam trigo e fermento, como pães caseiros, bolos e biscoitos.

Fonte: David Buchholz, M.D., Johns Hopkins University, *in Alimentos: o melhor remédio para sua saúde,* de Jean Carper. Rio de Janeiro, Editora Campus, 1995.

21

Intestino preso: aprenda a lidar com essa casa de máquinas

Se nosso organismo pudesse ditar ordens, diria que não deveríamos sair de casa antes de nos sentarmos no vaso sanitário

Sete horas da manhã e você desce o elevador do condomínio ou do hotel cinco estrelas onde está hospedado. Os homens exibem gravatas, barbas bem-feitas; as mulheres perfumadas estão impecáveis nos seus *tailleurs*. Tudo parece decidido e tranqüilo para mais um dia de trabalho. No fundo, pode não ser bem assim. Se pudéssemos consultar nossos companheiros de viagem, veríamos que lá no mais profundo dos seus intestinos as coisas não estão tão resolvidas assim.

Nosso organismo, que se sente melhor com horários controlados e rituais, protesta contra correrias e vai se manifestar a qualquer momento. Pode reagir exigindo, por exemplo, que voltemos ao banheiro imediatamente.

Se nosso organismo pudesse ditar ordens, diria que não deveríamos sair de casa antes de nos sentarmos no vaso sanitário, agarrar a revista da semana e permanecer ali o tempo que fosse necessário. Sairíamos aliviados, preparados para um dia que muitas vezes só terminará catorze horas depois.

Segundo estatísticas internacionais, a constipação incomoda cerca de 30% das pessoas. As mulheres são as maiores vítimas. Diferentemente dos homens, não foram ensinadas a reservar um tempo para essas necessidades.

Essa deformação cultural é responsável por grande parte da nossa constipação e dos desconfortos intestinais. Quem de nós ousaria entrar no banheiro de um restaurante e permanecer ali mais de dez minutos? Na correria da manhã, acordando as crianças ou nos preparando para o trabalho, nosso intestino é totalmente ignorado. Vamos pagar depois com seqüelas que vão do mau humor à flatulência e mal-estar. Daí o termo "enfezado".

Para as mulheres, o melhor remédio é a consciência do direito de sentarem-se no vaso sanitário e ali permanecerem pelo tempo necessário, folheando a revista que mais as agradar.

A primeira dica é identificar os horários em que o intestino funciona melhor e você se sente mais à vontade. Para algumas pessoas, ir ao banheiro pela manhã é o ritual ideal para seu organismo; para outras, não há horário pré-definido. A segunda dica seria ajustar um horário regular, que lhe dê mais conforto.

Especialistas ensinam alguns truques para driblar esse incômodo: se você pertencer ao período matutino, adote a prática de se levantar vinte minutos mais cedo. Tome seu café da manhã e se dê o direito de sentar-se no banheiro por dez minutos, pelo menos. Em pouco tempo seu organismo se acostumará com esse horário.

A prisão de ventre, além do desconforto, pode provocar hemorróidas e causar problemas de pele e distúrbios intestinais. Vale a pena insistir nessa prática regular, que vai interferir muito no humor, na disposição e na auto-estima.

Se as dificuldades persistirem, procure um médico. Mas antes lembre-se de que as alergias alimentares, a escassez de exercícios, a gravidez, o estresse, a depressão e a falta de um espaço privativo podem contribuir para a constipação. Não há quem consiga ficar à vontade quando não existem espaço e tempo para isso.

Considerando que esses quesitos foram atendidos, há ainda uma série de exigências que as vísceras costumam fazer. O importante é avaliar o funcionamento do organismo pela satisfação ou desconforto que ele costuma nos proporcionar. Há muita variação entre uma pessoa e outra. Segundo os especialistas, o funcionamento do intestino entre três vezes ao dia e três vezes por semana está dentro da normalidade. Se você está fora desses parâmetros ou, mesmo estando dentro, não se sente bem, é preciso consultar um especialista.

Pesquisas demonstraram que a alimentação comanda essa casa de máquinas. Os alimentos que contêm fibras, como os farelos e os vegetais, funcionam como laxantes naturais. Esses alimentos, irrigados por boa quantidade de líquidos, formam bolo fecal maior, mais pesado e consistente, produzindo fezes macias que passam pelo cólon com maior rapidez e facilidade.

Os intestinos funcionam como uma auto-estrada que requer fluxo constante e uniforme. Nessa rodovia, as partículas brutas das fibras, além de avançarem com mais facilidade, ativam mecanicamente os reflexos dos nervos na parede do cólon, gerando movimentos intestinais. As fibras provocam os impulsos necessários para fazê-las avançar. Outros alimentos, como a ameixa seca, são capazes de garantir esse deslocamento.

Os especialistas insistem na importância dos mais variados alimentos ricos em fibras, como o pão integral, os grãos integrais e o farelo de cereais. Pesquisas mostram que um pouco de alimento integral consumido todos os dias pode normalizar o funcionamento do intestino de pelo menos 60% das pessoas que sofrem de constipação comum. Nutrólogos-antropólogos constataram que nossos antepassados medievais comiam cerca de 600 g de pão integral por dia. Hoje ingerimos cerca de 150 g, muitas vezes produzidos somente com farinha branca e refinada.

Estima-se que 40 g de fibras por dia poderiam substituir, com vantagem, qualquer droga vendida em farmácia. Mas essas medidas dependem de cada organismo. Há quem se beneficie com uma colher de sopa cheia de farelo de trigo por dia, outras precisarão da metade, e um grupo vai requerer doses dobradas. A medida certa será definida pelo próprio organismo, misturando esse farelo a iogurtes, leites, sopas e feijões.

O farelo de arroz é apontado por alguns pesquisadores como laxante e regulador mais potente que o trigo. Para experimentar o efeito desses farelos, a dica é começar com medidas menores, pois algumas pessoas que iniciaram com grandes porções tiveram problemas intestinais sérios.

Outra recomendação é a ingestão de muito líquido, que funciona como uma espécie de lubrificante, ajudando no peso e no deslocamento harmonioso das fezes.

A ameixa seca é universalmente reconhecida como laxante, embora os pesquisadores ainda não tenham definido qual substância de sua composição tem esse poder. É uma fruta rica em fibras, mas apenas isso não explica a razão desse poder laxativo, especialmente quando ingerida em forma de chá, como as ameixas diluídas em água fervente. Mas não avance demais nessa receita: consumidas em grandes quantidades, elas podem causar flatulência, espasmos e indigestão.

No rol dos alimentos que combatem a constipação, a cafeína é comumente citada como laxante rápido. Tome um bom café quente e a vontade de ir ao banheiro surgirá em seguida. Pessoalmente, tenho ressalvas a esse recurso, pois a cafeína pode irritar a mucosa intestinal, e seu efeito laxativo será meramente temporário.

SUGESTÕES PARA O EQUILÍBRIO DA MÁQUINA INTESTINAL

Mastigue bem os alimentos e nunca faça refeições apressadas.

Prefira os alimentos ricos em fibras: pão integral, batatas cozidas com casca, arroz integral, legumes crus, frutas frescas, frutas secas e muito líquido.

Adote a prática de exercícios, mesmo que sejam leves, três dias por semana.

Se não sente vontade de ir ao banheiro, escolha uma revista ou livro preferido e sente-se no vaso sanitário pelo menos por dez minutos; seu organismo começará a se acostumar.

Os laxantes à base de plantas ou comprados na farmácia devem ser adotados como soluções de emergência e de curto prazo.

22

Azia, acidez e má digestão: como lidar com esse trio de incômodos?

Pessoas suscetíveis a esse problema têm de prestar muita atenção ao que comem

Queimação no peito, gosto amargo na boca, sensação de peso no estômago. Eis alguns dos sintomas que caracterizam a conhecida de todos como a desconfortável azia.

Uma das causas mais freqüentes desse mal-estar é chamada de regurgitar, bastante comum e conhecida nos bebês. O nome pomposo desse mal é "refluxo gastroesofágico". Ocorre quando o conteúdo gástrico do estômago sobe para o esôfago, chegando às vezes até a boca, provocando acidez, desconforto e danos mais graves.

Como isso acontece?

É fácil ilustrar como isso acontece: imagine um tubo por onde desce a pasta dos alimentos que ingerimos. O tubo é o esôfago. Imagine essa pasta percorrendo um espaço e outro, levada pela força da gravidade e pelos movimentos involuntários chamados de peristálicos. A cada vez que o bolo alimentar ultrapassa as fronteiras entre um compartimento e outro, a porta que estava aberta se fecha, impedindo que aquilo que desceu volte atrás. É uma espécie de mecanismo de segurança para que os elementos não se misturem.

Esse mecanismo, ou válvula muscular, é o esfíncter que separa o esôfago do estômago. Quando está "em forma", o esfíncter age como porta-balcão que se abre apenas para quem entra, ou melhor, para quem desce. Quem quiser retornar, encontrará a porta fechada.

É essa válvula que explica, por exemplo, por que o menino ou o atleta que fica de ponta-cabeça nas suas acrobacias não deixa escapar pela boca tudo aquilo que comeu.

Pois é a falha desse mesmo mecanismo, ainda que você esteja de pé ou deitado, que permitirá o refluxo gastroesofágico e suas conseqüências desagradáveis: queimação no peito, azia e sensação de estômago azedo. Estima-se que 10% da população sofra desse mal com certa freqüência.

Veja por que isso ocorre

A "distração" dessa porta-esfíncter vai permitir que os sucos ácidos que promovem a digestão no estômago — como o ácido clorídrico e a enzima pepsina — retornem à parte inferior do esôfago. Acontece que as paredes do esôfago são particularmente sensíveis, o que faz com que elas reajam com dores e sensação de ardência à presença desses elementos estranhos. Algumas pessoas chegam a sentir pressão tão intensa que imaginam estar tendo ataque cardíaco.

Esses elementos estranhos invadem espaços que não deveriam invadir e acabam deixando as paredes do esôfago ainda mais sensíveis, fazendo com que se irritem com muitos dos alimentos que ingerimos, a tal ponto que comidas mais picantes ou sucos cítricos acabem provocando inflamações nessas paredes e causando dor.

Algumas pesquisas estão apontando para algo mais grave: a constante irritação do esôfago pelo refluxo gastroesofágico pode ser uma das explicações para o aumento da ocorrência de câncer dessa região. O refluxo pode indicar também úlcera de estômago ou hérnia do hiato esofágico. Quando os sintomas persistirem, a pessoa deverá procurar ajuda médica.

Os vilões e a "porta-saloon"

Vamos nos ater às reações cotidianas provocadas pela intercomunicação de fluidos gástricos entre o sensível esôfago e o quase todo-poderoso estômago.

A primeira estratégia para evitar a queimação da azia é observar os alimentos que você come e descobrir os que provocam irritação maior.

O interessante é que alguns alimentos agem como vilões, distraindo e relaxando o responsável pela segurança, que é o esfíncter. Alguns pratos, pela sua composição, provocam relaxamento da válvula muscular, a "porta-saloon" que separa o esôfago do estômago, a ponto de permitir o retorno de elementos estranhos.

Vários pesquisadores se dedicaram ao estudo desse mecanismo nos últimos anos, e conseguiram identificar algumas substâncias que fazem relaxar e abrir essa porta. Um dos compostos químicos estaria na família das metilxantinas, da qual fazem parte a cafeína, a teofilina e a teobromina. Todas estão presentes no chocolate, classificado como um dos grandes vilões das azias.

Há outros culpados, como a gordura presente nos *milk-shakes*, queijos, hambúrgueres e outros alimentos fritos. Alguns estudos mostram que 70% das pessoas sofrem de azia após a ingestão de alimentos gordurosos. O mais preocupante é que a ingestão contínua desses alimentos pode levar a uma azia crônica.

O efeito dos alimentos difere de pessoa para pessoa. Os que são suscetíveis à azia terão que prestar muita atenção ao que comem, tentando identificar quais alimentos provocam o relaxamento do esfíncter.

As conseqüências são desagradáveis: a parede do esôfago, mais irritada pelo ataque dos ácidos gástricos, estará mais sensível à passagem de qualquer alimento. Frutas cítricas e o molho de tomate condimentado, que nada fariam num outro organismo, vão provocar azia e queimação em alguém com o esfíncter danificado.

Na lista dos alimentos a serem evitados estão desde a cebola e molhos condimentados até o álcool. O álcool, ingerido à noite, funciona como "falsificador de chaves", abrindo as portas do esfíncter durante o sono para elementos do estômago que vão provocar irritação no esôfago.

VEJA AS MELHORES CONDUTAS

Pessoas que sofrem de azia e acidez no estômago freqüentes devem ficar atentas e procurar a ajuda de um médico. É possível que algo mais sério esteja acontecendo. Para os que sofrem desse mal esporadicamente, o importante é prestar atenção a práticas e hábitos cotidianos. As dicas vão desde a seleção dos alimentos, quantidade e freqüência até os horários da alimentação. O uso freqüente de antiácidos pode trazer melhora momentânea, mas também mascarar a gravidade de algum problema.

Evite alimentos fritos, pesados e ricos em gordura. Dê preferência a refeições ligeiras e regulares, não muito distantes umas das outras. Prepare um cardápio que inclua arroz, leite, cereais, peixe e frango grelhados.

Procure comer devagar e em lugar tranqüilo, mastigando bem cada bocado. Evite os líquidos antes e durante a refeição. O ideal é beber apenas uma hora antes e uma hora depois.

Evite alimentos gordurosos, chocolates, cafés e chás cafeinados, especialmente antes de dormir. Descansar pelo menos vinte minutos depois das refeições é prática saudável, e dormir de barriga cheia é garantir a azia do dia seguinte.

Álcool e cigarro devem ser evitados. A fumaça do cigarro e seus componentes são elementos que irritam as mucosas do esôfago o tempo todo. O álcool também prejudica, especialmente quando ingerido à noite, pouco antes de dormir. Ele tem a capacidade de relaxar o esfíncter, permitindo assim que os sucos gástricos subam para o esôfago durante a noite.

Se perceber que acabou de consumir chocolate, café, álcool, cebola crua, frutas cítricas e comidas picantes, e que a azia apareceu em seguida, tome água ou líquido que não seja ácido. Isso "lavará" a substância que está provocando a irritação em seu estômago.

Quem se encontra acima do peso está mais sujeito aos sintomas da azia e outras indisposições. Já se sabe que o excesso de peso pressiona o esfíncter, atrapalhando ou impedindo suas funções. A sugestão é perder o peso que está excedendo.

Evite comer e deitar. Quando você está em pé ou sentado, a força da gravidade impulsiona o alimento para baixo, evitando que retorne ao esôfago. Deitar-se de duas a três horas depois da última refeição evitará esse risco.

Alguns especialistas sugerem que as pessoas se deitem sobre o lado esquerdo do corpo para evitar a azia, pois o esôfago entra no estômago pelo lado direito. Ao se deitar do lado direito, o esôfago do indivíduo ficará abaixo da abertura do estômago, o que facilitará o refluxo de ácido para o esôfago. Isso parece ser verdade para aquelas pessoas que têm tendência à acidez estomacal. A regra não vale para todos, pois alguns dormem de bruços — a posição menos recomendada — e nem sabem o que é ter azia. O importante, em todos os casos, é observar a resposta de seu organismo. Assim, você mesmo chegará à melhor receita para as irritações do seu estômago.

Lembre-se de que o esôfago é um tubo que permanece fechado todo o tempo. Quando o alimento encosta na superfície de suas paredes, ele se abre na exata medida do tamanho ingerido, daí a importância em mastigar cuidadosamente os alimentos antes da deglutição. Caso o pedaço de alimento ingerido seja muito grande ou mal mastigado, o esôfago se ressente e a dilatação forçada provoca dor, podendo causar irritação e refluxo.

23

Como lidar com a tirania do cólon irritável?

Essa síndrome pode se manifestar tanto em forma de diarréia como de prisão de ventre

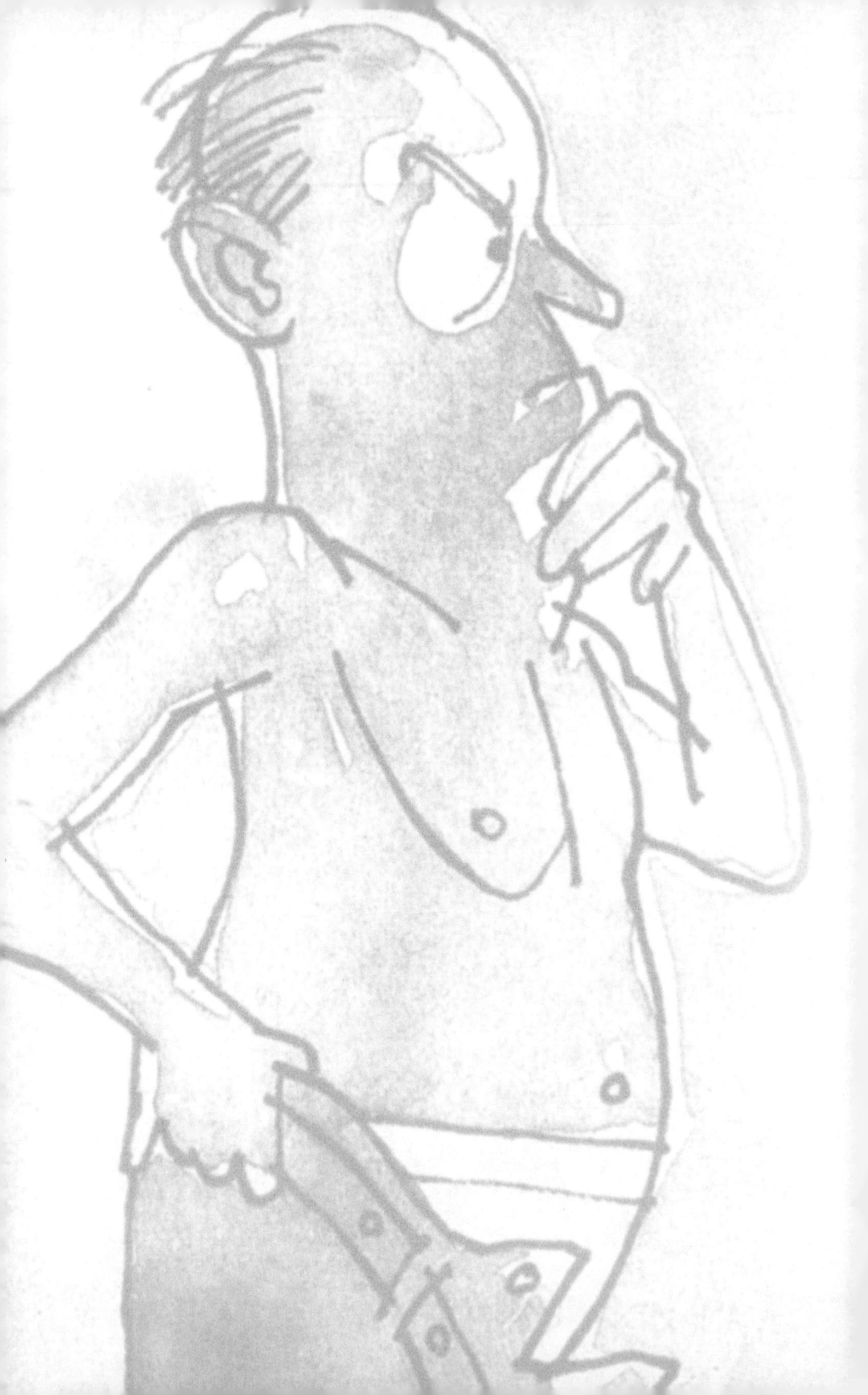

Não há nada mais desagradável do que se sentir desconfortável com seu intestino. Há pessoas que, nessa situação, se imaginam desamparadas, ameaçadas pelos horários e compromissos, com medo de que algo venha a acontecer e invadir sua privacidade. Os desconfortos intestinais vêm sempre acompanhados da sensação de que a qualquer momento será preciso correr ao banheiro. E o melhor e mais confortável banheiro é o da nossa casa, que pode estar a milhas de onde nos encontramos.

Essa "casa de máquinas" que é o intestino comanda o bem-estar do organismo, atua sobre nossa saúde e interfere no humor. Muitas vezes reage de forma tão surpreendente que nem nós, nem os médicos especialistas, sabemos dizer o que está acontecendo. Ficamos à deriva. Na lista dos males que se abatem sobre essa "casa de máquinas", um dos mais perturbadores é a síndrome do cólon irritável. O nome diz muita coisa: irritação vaga e generalizada. Trata-se de um mal-estar de causas pouco conhecidas, mas capaz de se manifestar das mais diferentes maneiras. Talvez a principal delas seja uma dor ou irritação — bastante vaga — em ponto do intestino delgado ou do intestino grosso. É como uma cólica insistente, que aparece e desaparece, e que muitas vezes vem acompanhada de indefinida vontade de correr ao banheiro. Indefinida porque nem sempre é isso o que acontece. Mas, mesmo quando acontece, as vítimas desse mal continuam se sentindo desconfortáveis, como se estivessem prestes a retornar ao vaso sanitário, de onde acabaram de sair.

O intrigante é que essa síndrome pode se manifestar tanto em forma de diarréia como de prisão de ventre. Pelo menos dois em cada dez adultos sofrem desse desarranjo, que pode incomodá-los pela vida afora. A doença perturba mais os jovens adultos e é mais freqüente entre as mulheres.

Uma síndrome emocional

Na síndrome do cólon irritável, a anomalia básica é uma perturbação dos movimentos musculares do intestino grosso, naturais e involuntários. Quando a seqüência da contração muscular é fraca ou alterada, provoca dor espasmódica, espécie de cólica, acompanhada de forte diarréia aquosa ou de prisão de ventre.

Muitos sintomas, como cãibras no baixo-ventre, são aliviados quando se vai ao banheiro. Mas a síndrome pode incluir dores nas costas, sensação de inchaço do abdome, mal-estar generalizado e cansaço.

Para entender o que está acontecendo, é preciso lembrar que os músculos do intestino são controlados pelo sistema nervoso autônomo, que comanda as funções involuntárias e automáticas do corpo. Isso significa que a síndrome do cólon irritável poderá ser desencadeada independentemente de nossa vontade, pois esse tipo de desarranjo acaba regido principalmente pelo nosso lado emocional.

Quando procurar o médico?

O cólon irritável pode também ser o resultado de uma infecção grave que esteja afetando o intestino. Se você constatar a presença de sangue nas fezes, consulte um médico. O sangramento pode ser sintoma da síndrome do cólon irritável, mas também indicar algo mais grave. Lembre que distúrbios mais sérios, mesmo os casos de câncer, podem ser controlados e curados se forem detectados precocemente. Portanto, sua observação a qualquer sinal estranho é fundamental.

Se nada de mais sério for diagnosticado, caberá a cada um de nós investigar qual alimento ou atitude pode estar provocando esse desconforto. Primeiro, é preciso lembrar que a síndrome do cólon irritável pode ocorrer periodicamente, com espaços de meses e duração de dias ou semanas. As pessoas que se sentirem vítimas desse mal por períodos que durem mais de dois ou três meses devem procurar orientação médica.

Para todos, no entanto, a regra é observar de perto o que comemos e a reação do nosso organismo. Se seu caso não for de urgência, procure listar cada alimento que ingere e como seu intestino se manifesta.

O *leite*, por exemplo, é um dos principais suspeitos. É possível que você esteja sofrendo de alergia ao leite ou intolerância à lactose, e não da síndrome do cólon irritável. Experimente deixar de tomar leite por duas ou três semanas. Caso se sinta melhor, volte a confirmar o teste, tomando novamente leite. Se o desconforto retornar, você estará sofrendo de intolerância à lactose. Bastará deixar de tomar leite ou substituí-lo por leite de soja para sentir-se melhor.

Há uma fila de outros vilões que devem passar pelo "detector de verdade". Um deles é a família dos *açúcares dietéticos*. O sorbitol, por exemplo, presente em vários adoçantes artificiais, é um dos causadores dos desconfortos intestinais. Também a frutose, açúcar natural associado ou não ao sorbitol, pode provocar danos semelhantes.

É preciso lembrar que o sorbitol não está apenas nos açúcares dietéticos, mas também em frutas como pêssego, em sucos como o de maçã, pêra, ameixa, nas ameixas secas, em algumas geléias e chocolates dietéticos e até mesmo em chicletes sem açúcar. Vale a pena prestar atenção ao que diz a embalagem desses produtos.

O *café* é outro alimento considerado causador da síndrome do cólon irritável.

O mais intrigante é o papel das fibras e, especialmente, do farelo de trigo. Já é consenso entre os especialistas que comer mais alimentos com fibras garante melhor digestão, redução dos riscos das gorduras, diminuição no risco de doenças cardiovasculares e melhor funcionamento do intestino.

O *farelo de trigo*, no entanto, também é suspeito no caso do cólon irritável. Para algumas pessoas, em lugar de organizar o intestino, ele provoca desarranjo maior. Quando isso acontece com o trigo, é muito provável que ocorra também com o centeio e o milho. Como dissemos anteriormente, nem o médico poderá identificar o que está provocando suas dores. Caberá a você monitorar cada alimento que ingere e checar a reação de seu organismo. Aí sim, com ajuda médica, poderá resolver seus desarranjos.

O que pode causar a síndrome?

Embora nenhuma pesquisa tenha definido com exatidão as causas da síndrome do cólon irritável, alguns pesquisadores têm posições definidas a respeito. Por exemplo, a síndrome não seria uma alergia envolvendo o sistema imunológico. Mas seria desencadeada por desequilíbrio da flora intestinal, provocado por certos tipos de alimentos. Pesquisas mostraram que nas fezes de pacientes que sofriam da síndrome havia um número surpreendentemente maior de bactérias aeróbicas, aquelas que necessitam de ar. Nas pessoas sem problemas, há duas vezes mais anaeróbios, bactérias que não necessitam de ar para sobreviver.

A conclusão é que certos alimentos tendem a destruir a atividade bacteriana, causando desarranjos do cólon que vão da prisão de ventre à diarréia e dores generalizadas.

Para quem sofre do desconforto do cólon irritável, a sugestão dos especialistas é a que colocamos em pontos anteriores. Monitorar com atenção cada alimento que você come e as reações provocadas no seu organismo. Elimine um alimento por vez, de forma que a identificação fique bem definida. Faça isso por pelo menos uma semana. Procure não alterar significativamente seus hábitos nesse período, de forma que o "teste" não seja mal interpretado.

Não encontrando alterações em um alimento, passe para outro. Assim, em algumas semanas você saberá com certeza qual a relação da alimentação nas suas síndromes de cólon irritável. Caso a variação da dieta nada altere nas suas dores, desconfortos, diarréias e constipações, procure um médico. Com anotações em mão, você poderá contribuir para a busca do diagnóstico.

24

Alimentação para recém-nascidos

Uma boa alimentação no primeiro ano de vida é de suma importância para a saúde futura do indivíduo

Por que a alimentação no primeiro ano de vida é importante para a saúde das crianças?

Uma boa alimentação no primeiro ano de vida é de suma importância para a saúde futura do indivíduo. Com alimentação equilibrada proporciona-se à criança equilíbrio entre idade, peso e estatura, desenvolvimento físico e psíquico harmoniosos, funcionamento perfeito do organismo, resistência a infecções; enfim, saúde.

A introdução de alimentos deve ser feita em pequenas quantidades, aumentadas gradativamente, para testar aceitação e tolerância gástrica e alergênica. A criança vai se adaptando ao paladar e desenvolve um processo de ingestão e deglutição.

Nos primeiros 4 a 6 meses de vida, a criança obtém nutrientes de reservas acumuladas no período intra-uterino e da dieta ingerida. Portanto, a época de introdução de novos alimentos deve ser individualizada, não sendo esquema rígido de introdução, devendo ser analisados fatores determinantes de reservas diminuídas no recém-nascido, como carências nutricionais ou problemas de saúde maternos.

O adulto pode suportar longas fases de privações, mas as crianças não. Por isso, elas constituem, junto com as gestantes e as mulheres que amamentam, os grupos humanos que a nutrição chama de "vulneráveis", pois têm muito pouca resistência à falta de alimentos adequados, sendo mais sensíveis às doenças carenciais. As necessidades alimentares das crianças são proporcionalmente maiores que as dos adultos. Enquanto estes necessitam de 0,8 g de proteína para cada quilo de peso corporal, as crianças precisam de 2,3 a 4 g para cada quilo de peso corporal, conforme a idade. Um adulto precisa, em média, diariamente, de 45 a 50 ml de líquidos para cada quilo de peso. Já a criança precisa de 100 a 150 g por quilo de peso, conforme a idade. O mesmo se verifica em relação a outros princípios alimentares, como veremos mais adiante.

Alimentação do lactente

O período de 0 a 12 meses (lactente) é o de maior crescimento na vida. Se nascer com 3 ou 3,5 kg, aos 5 meses a criança terá o seu peso duplicado (6 a 7 kg), e aos 12 meses já o terá triplicado.

Um lactente precisa diariamente de 3,5 g de proteína por quilo de peso e 150 g de água por quilo de peso.

Nos primeiros dois meses, o leite dado em quantidades suficientes é o bastante. O leite oferecido para a criança pode ser o materno (alimentação natural) ou o de vaca, em pó ou *in natura* (alimentação artificial).

Apesar de a alimentação artificial estar ganhando terreno, não há melhor alimento para o bebê que o leite materno.

Alimentação natural

A amamentação ao seio é técnica extremamente simples e proporciona à criança alimento à temperatura apropriada e praticamente isento de microrganismos. O leite humano é o que se presta melhor à digestão gástrica das crianças. Uma das primeiras fases da digestão é a coagulação, que ocorre quando o suco gástrico é colocado em contato com o leite. Esse coágulo é diferente, conforme o leite ingerido. O coágulo formado pelo leite humano é leve, poroso, forma flocos de pequenas dimensões, facilmente acessíveis ao suco gástrico e aos sucos digestivos em geral. Os coágulos formados pelos demais leites formam massa volumosa, compacta, mais resistente à ação dos sucos digestivos.

Assim, o leite humano possui: (1) boa tolerância digestiva; (2) valor nutritivo adequado; (3) ausência de microrganismos portadores de doenças, isso sem falar no colostro, primeira secreção da glândula mamária, que além de rica em proteínas transmite ao bebê boa carga de anticorpos maternos que o defenderão nos primeiros anos de vida contra infecção. Além disso, o aleitamento materno favorece a estreita união sentimental e psíquica entre mãe e filho.

Alimentação artificial

Alimentação artificial é aquela feita com leite de vaca ou de cabra, sendo que o leite de vaca *in natura* só deve ser usado quando de boa procedência e, mesmo assim, fervido por cinco minutos. Em substituição a ele deve-se usar o leite em pó.

O leite de vaca *in natura* deve ser diluído meio a meio. No terceiro mês, a diluição será de 2/3 de leite para 1/3 de água, e no início do quarto mês será sem diluição. As diluições do leite em pó, em geral, variam de 10% a 15% e são proporcionais à idade e ao peso ideal do bebê. Essas diluições devem ser recomendadas pelo pediatra, e só na falta deste, pelo nutricionista.

É comum a desidratação hipertônica nos lactentes que recebem mamadeiras muito concentradas. As mães, querendo ver os filhos mais gordos, usam mais leite em pó do que o recomendado pelo médico e não dão a quantidade de água necessária entre as mamadeiras. O resultado é concentração de sais no organismo do bebê, desidratação hipertônica que se manifesta por aumento de temperatura, inquietude, sede intensa e irritabilidade.

Quando se administra alimentação artificial, é importante a esterilização das mamadeiras, bicos e demais utensílios usados pelas crianças. Deve-se colocar o material a esterilizar em um recipiente com água fria, levá-lo ao fogo e deixar esfriar naturalmente.

Outro ponto importante na alimentação artificial é o que se refere ao leite desnatado. Ele não contém vitamina A e não deve ser utilizado, a não ser em caso de não haver outro leite à disposição. Portanto, o leite desnatado, em pó ou *in natura*, só pode ser dado à criança de 0 a 2 anos com acréscimo de vitamina A e sob constante supervisão médica.

Como alimentar o lactente?

A alimentação do lactente será feita de três em três horas até o quarto ou quinto mês; e nos casos de prematuridade convém que a criança mame uma vez durante a noite. Se a criança é forte, a partir do segundo mês se pode cortar a mamada noturna e substituí-la por um pouco de água pura (isso quando a criança chorar).

O estudo da fisiologia digestiva da criança mostra que, para a maioria delas, a digestão do leite só se dá após três horas de ingestão. Diminuindo o intervalo entre as mamadas, a nova porção administrada vai encontrar o estômago com boa quantidade de leite não digerido. Como resultado, o trabalho da digestão será prejudicado e o estômago nunca ficará completamente vazio, para o repouso necessário. Isso poderá causar: dispepsias de maior ou menor gravidade, com vômitos, diarréias, inapetência, enjôo de leite etc. Entretanto, existem muitas diferenças na digestão de bebês, podendo ser, às vezes, mais flexível esse horário, com intervalo de três a quatro horas.

Deve-se procurar despertar a criança um pouco antes da hora da mamadeira. Para isso, basta trocar-lhe as fraldas, dar-lhe banho se for a hora, ou trazê-la para um local iluminado, que ela acordará naturalmente.

O horário alimentar apresenta inúmeras vantagens:

1. dá tempo para a digestão do leite;
2. permite repouso dos órgãos digestivos;
3. permite mais repouso às mães; e
4. inicia a formação de bons hábitos alimentares.

O horário da amamentação é fundamental, tanto para a mãe quanto para a criança. Nos primeiros dias de vida, deve-se oferecer o peito ao bebê de três em três horas aproximadamente, e, posteriormente, quando ele já estiver consumindo volume apreciável de leite, de quatro em quatro horas. Com o crescimento da criança e a introdução de novos alimentos, deve-se orientar quanto aos horários habituais de alimentação, oferecendo as refeições salgadas do almoço ou do jantar. Sempre deve ser dado um espaço de tempo suficiente para a digestão entre um alimento oferecido e outro. Para a mãe, o horário da amamentação é muito importante, pois possibilita montar um esquema que seja conveniente não só para a criança como também para ela.

Complementação alimentar

FERRO: Sabemos que o leite materno é pobre em ferro. Durante a gravidez, o ferro é transferido da mãe para o feto através da placenta. Se a mãe se alimenta adequadamente, a criança nascerá com boa reserva, suficiente para os primeiros meses. Se a mãe for carente, as reservas do bebê serão mínimas e não cobrirão suas necessidades nos primeiros seis meses. Com a amamentação, a mãe e o bebê ficarão anêmicos. Se a criança for prematura, também terá pequenas reservas de ferro, pois é justamente nos últimos meses de gravidez que se verifica maior transferência do ferro materno para o feto.

A necessidade de ferro nas crianças é de 6 a 10 mg por dia. As sopinhas de verduras, legumes e cereais, que são dadas a partir do quarto mês, visam, sobretudo, fornecer ferro.

VITAMINA C: O leite é um alimento pobre em vitamina C e, quando fervido ou enlatado, perde-a totalmente. Por isso, a partir dos 2 meses, inicia-se a administração de suco às crianças para prevenir carência de vitamina C. Em geral, recomenda-se a laranja-lima, por ser mais doce, mas podem ser dados caju, lima-da-pérsia, goiaba ou limão. Inicia-se com uma dose bem pequena

(1 colher das de chá) que vai aumentando lentamente até atingir a quantidade de 50 g, duas vezes ao dia. É preferível não adoçar demais esses sucos, pois as soluções muito açucaradas irritam o estômago e podem mudar o gosto dos alimentos para as crianças.

Em geral, no quarto ou quinto mês inicia-se a administração das sopinhas de legumes, e a alimentação passa a ser de quatro em quatro horas, perfazendo um total diário de cinco refeições. Aos 8 meses, o bebê estará recebendo duas sopinhas e uma papa de frutas.

As sopinhas poderão conter alimentos como batata, abóbora, chuchu, batata-doce, aipim, cenoura, entre outros vegetais. Elas poderão ser enriquecidas com uma gema de ovo por dia (a partir do sexto mês). A gema de ovo deve ser cozida, esfarelada e depois adicionada à sopa. Pode-se também desfazê-la em um pouco de leite e acrescentá-la à sopa para cozinhar. No sexto mês de vida do bebê, a sopa ingerida poderá ser também enriquecida com fígado ou carne batidos no liquidificador e passados na peneira.

Aos 12 meses de idade, na maioria das vezes, a criança estará apta a começar a receber a comida da família e consumir todos os tipos de alimentos, desde que sua textura permita boa mastigação e deglutição.

Última recomendação

Ofereça ao seu filho alimentação equilibrada. Dê preferência à amamentação materna e à alimentação natural e fresca. Assim, você estará proporcionando a ele a energia indispensável ao exercício de todas as funções vitais, bem como o material necessário à reparação dos tecidos, ao crescimento e à elaboração de proteínas séricas, hormônios, enzimas e anticorpos. Dessa forma, com certeza, o crescimento e o desenvolvimento de seu filho se darão de modo harmonioso, do nascimento até a maturidade.

25

Ensine seus pequenos a comer. Eles lhe agradecerão no futuro

A satisfação pela comida é um dos fatores determinantes da relação da criança com o seu corpo, seus prazeres e o controle sobre suas vontades

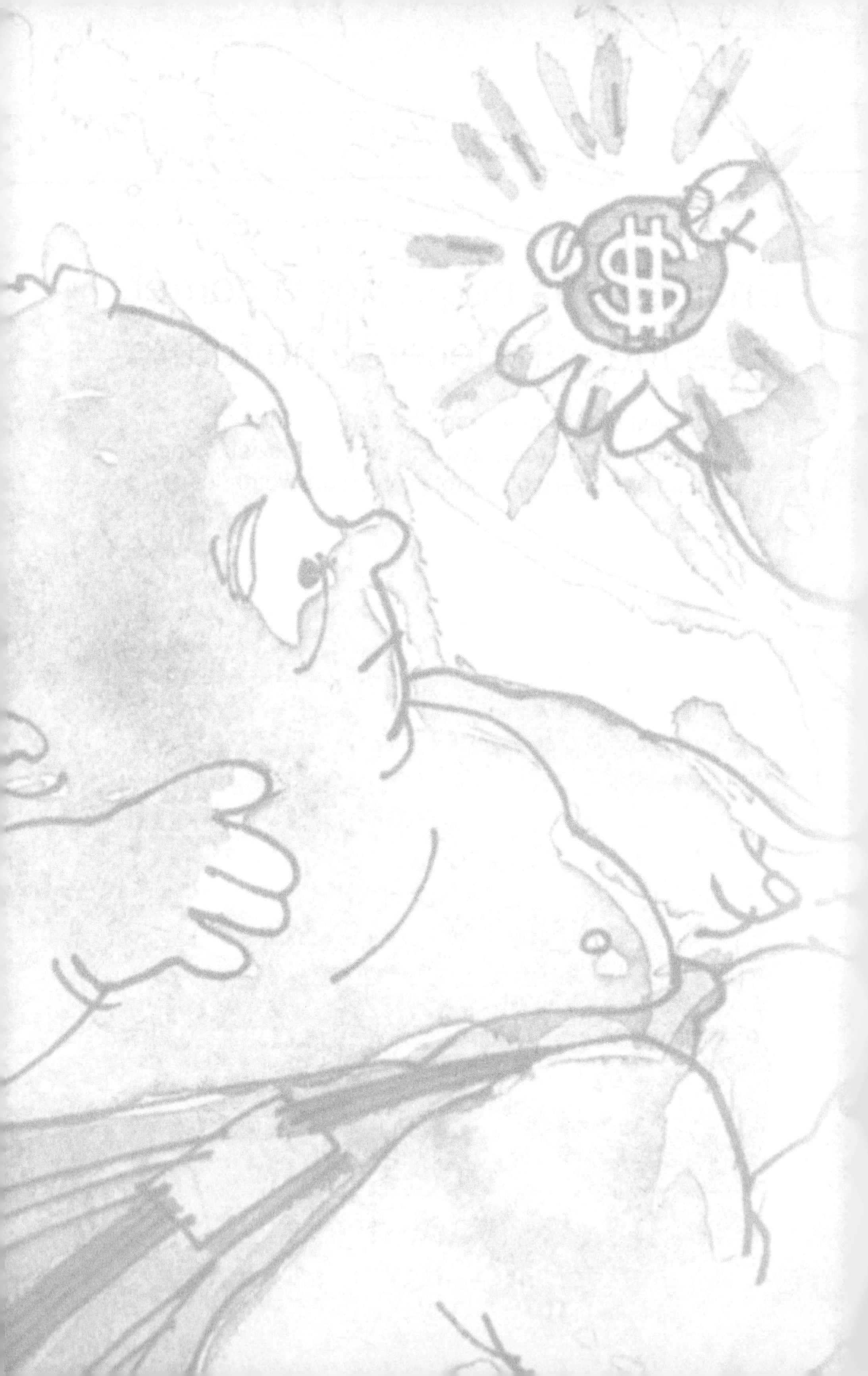

Não use a comida como moeda de negociação, nem como forma de aplacar seus sentimentos de culpa em relação aos filhos. Parte dos obesos poderia ter seguido outro caminho se contasse com a ajuda dos pais.

Buscar alimento é certamente o primeiro exercício de sobrevivência dos animais, aqui incluídos nossos bebês. Estendidos sobre a barriga da mãe, o primeiro gesto deles será procurar o bico dos seios.

A satisfação pela comida, que estará presente pelo resto de nossas vidas, é um dos fatores determinantes da relação da criança com o seu corpo, seus prazeres e o controle sobre suas vontades. É também a primeira armadilha para os pais, especialmente para mães, muitas inseguras de seu papel de cuidadoras.

Essa relação desequilibrada, que mistura comida, satisfação e insegurança dos pais, é a responsável pela maioria dos casos de obesidade na infância e na adolescência.

Cerca de 90% dos casos de obesos jovens se devem a uma conduta inadequada da mãe, diz a pediatra Ester Laudanna, assessora da Fugesp — Fundação para o Estudo da Gastroenterologia e Nutrição de São Paulo.

"Barriguinha cheia significa criança tranqüila e feliz, e isso aplaca qualquer sentimento de culpa da mãe", diz a médica. Ao menor sinal de insatisfação, a criança é "premiada" com mais comida. Os amigos e parentes alimentam essa crença, elogiando as faces rosadinhas e as perninhas grossas. É o "bebê Johnson", que tínhamos como modelo até uma década atrás.

Essa festa com a criança gordinha vai até os 9 ou 10 anos, afirma Ester Laudanna. Depois, a mesma família, que a incentivou a comer começa, a puni-la cada vez que se aproxima da geladeira. Na escola, surgem os apelidos cruéis, ela não participa da turma nem dos esportes em grupo, o que a obriga a esforçar-se constantemente para ser aceita pela grupo.

De "gordinha" querida, a criança passa a conviver com um sofrimento que seguirá pela adolescência e que pode durar a vida toda, com uma infinidade de regimes e frustrações.

Quase todos nós sabemos de cor essa trajetória. O que queremos aqui é falar de práticas e hábitos que possam evitar esse problema.

Alguns cuidados começam nas primeiras papinhas. Quando preparar os pratos, procure não misturar os legumes. Seu bebê vai aprender a descobrir que o vermelho da beterraba tem um sabor bem diferente da cenoura alaranjada e da mandioquinha. Mais tarde, ele se encantará com o prazer de cada prato, saboreando do arroz branco ao molho madeira. As pessoas acham refinado aprender a degustar bons vinhos, mas se esquecem de educar seu paladar para a comida.

Nem é preciso dizer que as crianças aprendem observando o que está a seu redor. Se os pais não se preocupam com o que engolem, nem com a quantidade ou qualidade da comida, os filhos tenderão a fazer a mesma coisa. Um cuidado é evitar pratos com muitas calorias, fugir das frituras, incluir sempre frutas nas sobremesas e substituir os refrigerantes por sucos. Por exemplo, McDonald's e coca-cola podem ser restritos a finais de semana.

Não queira encher o prato com mais comida do que os pequenos comerão. Se possível, deixe que eles façam as suas medidas, sempre incluindo saladas, carboidratos, massa ou arroz, e alguma carne. Se as crianças forem ensinadas a colocar no prato apenas o que estão com vontade de comer, começarão cedo a controlar essas medidas.

Valorize molhos e temperos. Saladas bem temperadas e coloridas atraem as crianças e marcam seus hábitos alimentares por toda a vida. Transforme as refeições num momento agradável e descontraído. Nada de TV ligada ou lição de escola sendo feita ao mesmo tempo. Comer deve ser um momento prazeroso, período de trégua para as discussões e brigas constantes entre as crianças. Quando possível, o pai ou a mãe deve estar junto à mesa.

Em alguns casos, a criança só perceberá sua vontade de almoçar ou jantar quando se sentar à mesa. Por isso a estratégia deve começar no café da manhã, com frutas, suco, cereais, leite e pão com requeijão ou geléia. Uma das chaves do apetite está nas atividades físicas. Quanto mais correr, brincar, jogar, pedalar, mais fome ela terá.

No entanto, sei que é muito difícil para certas crianças encarar um desjejum quando estão semi-adormecidas às seis horas da manhã e têm de estar na escola às sete. Não vai adiantar oferecer uma mesa colorida e apetitosa, pois elas estarão com sono e preocupadas com o horário. Depois de seu filho comer o possível, coloque em sua mochila uma fruta e um sanduíche saudável e saboroso. Do contrário, ele vai cair na tentação da cantina da escola, onde encontrará coxinhas, hambúrgueres e fritas, que concentram altas doses de gordura e calorias.

Os horários das aulas, os cursos extras, os trabalhos fora de casa, tudo contribui para quebrar a rotina das refeições. Esse é um dos principais desafios dos pais. Procure não deixar seu filho por mais de três horas sem comer. Se está estudando na casa de amigos, negocie com a mãe do amiguinho para que tenham um lanche no meio da tarde.

Quando sua criança está em casa, sozinha ou com colegas, não libere a geladeira, nem permita que pacotes de bolachas fiquem à disposição. Comida tem horário, principalmente quando se está vendo um filme ou jogando videogame.

Muitos pais nem chegam a se preocupar com as práticas alimentares dos filhos, pois acham que oferecer o que comer é o bastante. Quando não há histórico de obesidade na família, preocupam-se menos ainda. Pensar assim pode ser um perigo. O número de crianças obesas está crescendo no mundo inteiro, especialmente por causa dos *fast-foods*, chocolates e refrigerantes. Se na família há pessoas acima do peso, os cuidados devem ser redobrados. Ensinar seus filhos a comer vai ser tão importante quanto educá-los e colocá-los numa boa escola. Além de aprender o prazer de saborear diferentes pratos, eles poderão escapar da obesidade, "doença" que pode persegui-los e infernizá-los pelo resto da vida. Mais tarde eles vão agradecer a você.

26

Nosso adolescente e as lições da boneca Barbie

A adolescência carece de atenção especial quando se trata de mudanças de hábitos alimentares

Os criadores da boneca Barbie estão apresentando uma nova versão dessa menina esquálida que formou duas gerações de adolescentes fascinadas pela magreza. A próxima Barbie, que está chegando às lojas nos Estados Unidos, tem barriguinha bem mais carnuda e corpinho com uns quilinhos a mais. Acabou o tempo do abdome "tábua", que simplesmente não existia, e da magreza total dessas Barbies que guardamos no armário.

A mudança foi provocada pelos jovens que desfilam pelas ruas e pátios de colégios com umbigo de fora, meninos e meninas. Não dá para mostrar umbigo se a barriga não existe. Nem as "patricinhas" resistiram a essa constatação. Quem quer ter um umbigo digno de ser exibido precisa minimamente estar dentro do peso.

Essa noção inconsciente de "beleza igual saúde" é um dos pontos mais positivos da onda adotada pela garotada. E que serve de exemplo para nós mesmos. Ser bonito é estar bem com nosso corpo, é isso que está na moda. Murchar a barriga à força de tantos exercícios e dietas de fome não fará ninguém mais feliz. As estrelas das passarelas estão mostrando isso. As mais altas e magras ainda são as campeãs, mas os espaços estão se abrindo para modelos que exibem corpos dentro do peso.

Pois a Barbie que nós e nossas filhas conhecemos tem 41 anos, quase a mesma idade da pílula anticoncepcional, que causou uma revolução sexual. A Barbie primitiva não podia se inclinar e curvar o corpo, tanta era sua magreza. Endocrinologistas dizem que, com aquelas medidas, nenhuma menina conseguiria menstruar, pois o corpo assinalaria que esse organismo não tinha condições de nutrir e dar vida a um bebê.

Os criadores da Barbie constataram isso nos anos 80. Em 1997, experimentaram uma Barbie de quadril mais largo, mas a idéia foi abandonada em seguida. Agora, com décadas de atraso, surge uma boneca quase livre das amarras da moda e mais próxima da realidade.

Finalmente, espera-se, nossa boneca preferida deve livrar-se da crueldade de seus criadores e das imposições da moda.

A história da Barbie é exemplar. Mostra que se sentir bonito ou feio depende dos conceitos que estão em vigor. Os artistas do final da Idade Média e do Renascimento nos presentearam com matronas nuas e fartas nas suas medidas. Eram o modelo de beleza. Nos anos 70 e 80 vivemos uma epidemia de magreza que chamou a atenção para a anorexia, a rejeição a qualquer tipo de alimento, que levava a uma perda de peso extrema e até a morte.

Acredito que agora estamos vivendo um momento mais saudável. Poucas meninas anoréxicas — a síndrome é muito mais comum em mulheres — estariam dispostas a passear de camisetas cortadas na bainha e calças de cintura baixa.

A alimentação é componente fundamental na vida dos nossos adolescentes. É o período em que eles se acham senhores de seus corpos, ao mesmo tempo que se sentem inseguros e fragilizados. Muitos enfrentam os pratos com fome invejável, mas, se não tiverem regras, vão optar por um quarteirão com queijo ou cheese-tudo. Podem ser companheiros e aliados em conversas que tratam da saúde do corpo. Os que foram acostumados a comer frutas e legumes desde pequenos, em geral, conservam e alimentam o prazer de saborear folhas, cenouras e beterrabas. Nem precisam de mostarda e catchup. Eles descobriram o sabor da mandioquinha, do tomate e até da rúcula e da acelga. Com esses, é possível fazer festa com uma boa salada.

Para aqueles que não tiveram a alimentação diversificada e "fantasiada" quando ainda comiam nas cadeirinhas de bebê será mais difícil mudar seus hábitos. Mas não impossível. Nesses casos, será necessário redobrar a imaginação, lançando mão da criatividade, misturando as cores das folhas e legumes e regando com seus temperos preferidos.

A adolescência, na verdade, carece de atenção especial quando se trata de mudanças de hábitos. Os meninos e meninas se sentem acima das regras e do bem e do mal. Nada acontecerá com eles, imaginam. É também o período em que estão fragilizados: o corpo da infância está perdido, entra em cena outro, com novos tamanhos, cheiros, e os pais da infância, infalíveis, poderosos, se revelam humanos, com suas limitações e problemas. Nesse cenário de luto pela perda da infância, quem passa a dominar é o grupo de amigos. Dentro dessa nova ordem, os sanduíches eleitos pelos amigos valem muito mais do que os pratinhos sugeridos pela mamãe.

Essa fase de confronto é também a idade em que seus olhos estão abertos e atentos para as belezas da vida. Uma relação legítima com esses adolescentes, sem manipulações ou chantagens, pode surpreender a nós, adultos, tamanha a qualidade.

O fato é que um organismo jovem pode suportar muitas "intempéries", dos abusos de partidas de futebol seguidas, tardes inteiras sem comer e noites sem dormir. Mas é também o organismo que mais rapidamente vai reclamar cuidados. O corpo dos jovens reage rapidamente às dificuldades e fraquezas, e mais rapidamente ainda pede socorro. Incentivar e ensinar o adolescente a perceber seu corpo, suas reações e limites, é uma importante função de nós, pais, tios, parentes e educadores.

Quem são nossos adolescentes?

O termo adolescente vem do latim e significa "crescer", período de mudanças fascinantes em que o universo se alarga, os interesses se ampliam no corpo e na alma.

É o período de passagem entre a infância e a vida adulta, mas não de espera, de contemplações. É uma fase de ações, ousadias, experimentos, sonhos e frustrações. Intensas modificações físicas, fisiológicas, psicológicas e sociais que geram muita insegurança, muitas vezes disfarçada em arrogância.

Os corpos se esticam e passam a exigir reforços nutricionais. Os meninos chegam a ganhar 20 cm de altura e 18 kg de peso. Nas meninas, esses ganhos são um pouco menores. O estranhamento com as novas medidas é inevitável: meninos e meninas passam por uma fase de "estabanados", desengonçados, batendo em objetos, perdendo a antiga noção espacial que tinham na infância.

Como alimentar essas feras?

Os adolescentes crescem de forma tão variada que é difícil determinar suas necessidades dietéticas. O que se sabe é que durante essa fase, dos 11 aos 19 anos, em geral, meninos e meninas têm necessidades nutricionais duas vezes maiores que da média de outros períodos.

Após os 10 anos de idade, recomenda-se consumo de 45 calorias por quilo de peso para os meninos, e 38 para as meninas.

A interpretação desses valores requer cautela, pois depende da atividade física praticada pelo adolescente. Crianças inativas podem se tornar obesas mesmo quando sua ingestão calórica estiver abaixo das recomendações dietéticas alimentares (RDA), enquanto crianças extremamente ativas precisam de quantidades maiores.

O cardápio é outro fator tão ou mais importante. Metade a dois terços da proteína devem ser fornecidos por alimentos com alto valor biológico, como leite, ovos, carne, queijo ou misturas protéicas completas, com a finalidade de fornecer os aminoácidos essenciais.

Fases de crescimento e fortalecimento do esqueleto necessitam de cálcio. Os 1.200 mg de cálcio ideais podem ser encontrados em meio litro de leite, que também contém vitamina D, necessária para a absorção desse mesmo cálcio.

Atenção às necessidades de ferro, estimadas em 18 mg por dia, nem sempre encontradas no cardápio cotidiano. Lance mão de alimentos ricos nesse mineral, como fígado, carnes em geral, gema de ovo, feijão, lentilha, mariscos e alimentos enriquecidos. Esse período de crescimento é o mais propício para o aparecimento da anemia.

Os perigos que rondam nossos meninos

A obesidade é um dos que mais preocupam. A cultura do *fast-food*, do sanduíche rápido, barato, saboroso, do "refri" gelado, é adotada por adolescentes de todas as classes. A obesidade é resultado de um balanço entre a energia que se ingere e as calorias que são queimadas. Só para usar um jargão da garotada: comeu, não se mexeu, dançou.

É claro que os fatores genéticos e ambientais contribuem para a incidência da obesidade na adolescência. Os adolescentes obesos crescem e se desenvolvem mais rapidamente que seus colegas de peso normal. Tornam-se ansiosos a tal ponto de alterar o crescimento e o metabolismo de lipídeos e hiperinsulinemia, ou seja, o aumento da insulina no sangue.

Obesidade e problemas familiares, escolares e alterações comportamentais tendem a andar juntos, um reforçando o outro. Por isso, o tratamento deve incluir dieta para redução de peso, psicoterapia e exercícios. Medicamentos e dietas que prometem soluções rápidas devem ser evitados. O problema é que pouco se investe em programas terapêuticos realísticos e educacionais, e o resultado é que o adolescente obeso tende a ser gordo para o resto da vida.

Diante de tudo isso, aqui vai minha sugestão: quem tem adolescente obeso na família investigue, procure ajuda, não se deixe entregar. Há maneiras de reverter esse quadro antes que se torne peso para o resto da vida.

Há aqueles adolescentes que desenvolvem uma doença conhecida como anorexia, que o afasta de qualquer tipo de alimento e pode levar à morte por depressão e desnutrição. Há também a bulimia nervosa, que leva o jovem a comer compulsivamente e depois comece a vomitar. Esses dois distúrbios, a anorexia e a bulimia, felizmente atingem parcela pequena dos nossos adolescentes.

27

O esporte e a nutrição

O que os atletas profissionais, amadores e os praticantes de final de semana precisam saber para tirar melhor proveito dos exercícios

Quando se fala em nutrição esportiva, imagina-se logo a comida do atleta olímpico, do esportista profissional, daquele que se dedica em tempo integral aos exercícios. Na verdade, todos aqueles que praticam esporte regularmente devem se preocupar de forma especial com o que comem e bebem.

Estamos numa época em que muitas pessoas decidem incluir práticas esportivas em suas vidas. O futebol na areia é uma tentação, atividades como subir montanhas e pedalar bicicletas em estradinhas de terra podem despertar em nós a alma de esportistas que nunca cultivamos.

Por isso vamos falar de comida e esporte. O foco da nossa conversa serão os atletas que praticam regularmente o esporte, mas as observações e cuidados valem para todos que exercitam o corpo de alguma forma. Aproveito para dizer que qualquer exercício é salutar e necessário, e sua prática pode ser iniciada em qualquer momento da vida. A avaliação inicial de um médico é sempre aconselhável. Ele dirá até que ponto e em qual velocidade e intensidade você pode ir.

Portanto, os objetivos da nutrição do atleta englobam preocupações com a saúde como um todo e com as necessidades específicas do treinando. Nesse contexto, deve-se considerar:

1. o fornecimento de nutrientes básicos para atender às necessidades que crescem a partir de um programa de exercício extenuante;
2. a incorporação de práticas alimentares que preservem a saúde a longo prazo, procurando evitar doenças carenciais;
3. a obtenção e manutenção da massa muscular e de níveis de gordura corporal adequados;
4. a adequação nutricional que promova a recuperação entre as sessões de treinamento.

A importância dos líquidos

A importância da reposição de líquidos durante o exercício está bem documentada. A célula executa suas atividades em meio aquoso.

A redução da água corpórea ocorre através do suor e da respiração. Grande parte da água perdida através do suor vem do sangue, levando à redução do volume sangüíneo a um nível que pode comprometer a função cardiovascular. Quando as perdas de líquido atingem nível significativo, a quantidade de suor e o fluxo sangüíneo para a pele são reduzidos, e a temperatura central fica elevada. Mesmo uma desidratação parcial prejudica o desempenho: perda de água de 4% a 5% reduz a capacidade de trabalho em 20% a 30%, enquanto perda de 10% provoca colapso circulatório.

A quantidade de perda de líquido durante o exercício depende da intensidade e da duração do esforço, e especialmente da temperatura e umidade atmosférica. Sem exercício, um indivíduo produz de 500 a 700 ml/dia de suor, enquanto um exercício prolongado em ambiente úmido pode resultar em 8 a 12 litros/dia de suor. Alguns corredores de maratona perdem mais de 5 litros durante a competição, o que representa de 6% a 10% do peso corpóreo.

Algumas recomendações de ordem prática: é aconselhável tomar de 400 a 600 ml de água cerca de vinte minutos antes da atividade física. Durante os exercícios ou a prática do esporte, é recomendável tomar 250 ml a cada quinze minutos, não mais do que isso.

As bebidas isotônicas (tipo Gatorade, Marathon) podem substituir a água quando a pessoa tem grande perda de líquido pela transpiração, já que despende grande quantidade de sódio e outros minerais. Mas atenção: tomar essas bebidas a qualquer hora não faz nenhum bem. Além de conterem 25 calorias por 100 ml.

As sugestões valem para todos que executam algum exercício físico, mesmo que seja uma caminhada pela praça no final de semana.

As necessidades energéticas

A quantidade de energia despendida durante um exercício depende da intensidade e duração da atividade e das características individuais do atleta, como sexo, idade, tamanho, estado de maturação e nível de treinamento.

Caberia aqui uma indagação: as pessoas que praticam esportes devem ingerir maior ou menor quantidade de calorias que as sedentárias?

Alguns atletas em treinamento aeróbico pesado podem necessitar de até 4.000 a 6.000 calorias/dia ou mais. Para se ter uma idéia, uma pessoa que se movimenta pouco não deve consumir mais que 2.500 calorias por dia.

Considerando-se as características de cada indivíduo, estima-se que 75% dos atletas consumam entre 3.000 e 6.000 calorias/dia. Os maiores consumidores de energia parecem ser os atletas de força com grande massa corporal e os de enduro que se submetem a sessões diárias de treinamento. Entretanto, qualquer excesso na ingestão de energia será armazenado na forma de gordura, e o resultado é o aumento de peso e a obesidade.

Toda atividade muscular necessita de energia para ser mantida, e para isso o organismo precisa de nutrientes que possam fornecê-la.

Proteínas (carne, leite, ovos), lipídios (gorduras) e carboidratos (açúcares, massas) são fontes possíveis de combustível para a contração muscular.

O organismo, em atividade, queima em primeiro lugar os carboidratos, depois as gorduras e por último as proteínas.

• *A necessidade de carboidratos*

A função primária dos carboidratos é fornecer energia para o trabalho celular. Essa energia deriva da queima da glicose em presença de oxigênio. Uma das formas de o organismo armazenar a glicose é pela formação da molécula de glicogênio (um glicogênio contém cerca de 30.000 moléculas de glicose). Quando não estamos ingerindo alimentos, é a glicose derivada do glicogênio armazenado no fígado e nos músculos que nos permite manter as funções vitais ativas.

A primeira fonte de glicose para o músculo em exercícios é seu próprio estoque de glicogênio. Quando a quantidade adequada de carboidratos é consumida imediatamente após o exercício e a cada duas horas depois, a taxa de estocagem de glicogênio é rapidamente aumentada e mantida até seis horas após o exercício.

As RDA pedem que 55% a 60% das calorias diárias ingeridas pelo indivíduo adulto sejam provenientes de carboidratos.

• *A necessidade de lipídios*

Os lipídios, ou gorduras, constituem o principal combustível para o organismo durante reações aeróbicas (como oxigênio), sendo mais adequados para atividade de baixa a moderada intensidade, devido à sua extensa disponibilidade nos tecidos adiposos.

Numa atividade física, nos primeiros vinte minutos, são queimados os carboidratos já liberados na circulação sangüínea; após esse tempo, começam a ser queimadas as gorduras. Apenas em casos de desnutrição severa é que as proteínas são utilizadas pelo organismo para obtenção de energia.

Recomenda-se que a ingestão de lipídios não ultrapasse 30% do total de calorias numa dieta mista.

• *A necessidade de proteínas*

Sendo as proteínas os componentes principais das células, dos hormônios, do sistema imunológico, precisam ser constantemente repostas. Os alimentos ricos em proteína, como carne, leite, ovos e derivados, fornecem ao indivíduo a quantidade necessária para manter seu metabolismo e repor eventuais perdas. Para os atletas, a indicação é de dieta que contenha de 12% a 15% de sua energia na forma de proteína.

Mas atenção: o excesso de proteínas provoca sobrecarga da função hepática, além de problemas renais severos, como dificuldade na reabsorção de água e conseqüentes desidratação e formação de pedras nos rins, dentre outros distúrbios.

Os aminoácidos são as moléculas que compõem as proteínas. Está na moda, vendida em academias ou farmácias, sem necessidade de receita médica, uma série de aminoácidos artificiais. Supostamente, serviriam para aumentar a massa muscular. O que se sabe é que eles se constituem apenas em perda de tempo e dinheiro, e podem trazer resultados contrários aos esperados, além de tremenda dor de barriga (os aminoácidos artificiais levam água para os intestinos, podendo causar irritação, dores e diarréia).

• *A necessidade de vitaminas e minerais*

Em relação às vitaminas e minerais, sabe-se que são necessárias doses mínimas para o organismo funcionar perfeitamente. A deficiência de pelo menos um deles poderá impedir a *performance* atlética. As RDA foram estipuladas para pessoas saudáveis, não havendo quantidades específicas conhecidas para atletas em treinamento pesado. É importante dizer que o excesso de vitaminas é tão prejudicial quanto sua falta.

Concluindo, apesar de ser provável que o exercício aumente os requerimentos para certos nutrientes, o uso de suplementação de vitaminas e minerais permanece controverso na comunidade científica. A questão está em analisar os benefícios e riscos trazidos por uma dosagem adicional desses nutrientes.

28

Outro olhar sobre a velhice de todos nós

Embora a maioria das pessoas chegue aos 60 anos com alguma doença crônica, menos de 20% delas chegam lá incapacitadas de viver sua vida

De que adiantam a experiência e a sabedoria, se a saúde e a esperança não existem mais? Esta pergunta, melancólica e carregada de desalento, parece estampada nas dezenas de artigos e reportagens de jornais, rádios e TVs publicados e divulgados em 1999, ano que a Organização das Nações Unidas dedicou ao idoso.

É como se não houvesse nada para comemorar. Não estou aqui para dizer que ser velho no Brasil deva ser festejado. Mas prefiro lembrar alguns pontos que merecem, sim, comemoração.

A começar pelos anos de vida que todos nós estamos ganhando. Quando nossos avós nasceram, em 1900, a expectativa de vida era de 33,7 anos. A geração que nasceu em 1950 já havia ganho dez anos. E os nossos filhos e netos, que estão nascendo agora, vão ter expectativa de vida média de quase 70 anos.

O total de pessoas com mais de 60 anos passa de treze milhões e quinhentas mil, e deve ultrapassar trinta e dois milhões daqui a vinte e cinco anos. A cada ano que passa, seiscentos e cinqüenta mil "senhores" e "senhoras" estão apagando sessenta velinhas. Pelas nossas condições econômicas, é provável que em uma minoria de lares a data esteja sendo festejada com bolo e parabéns. Mas a maioria dos aniversariantes está entrando nos 60 em boa saúde.

Pesquisas realizadas no Brasil e lá fora mostram que, embora mais de 80% das pessoas cheguem aos 60 anos com uma doença crônica, apenas pequena minoria — menos de 20% — apresenta alguma incapacidade que a impede de viver sua vida.

Significa que os anos ganhos poderiam se transformar em fase agradável e privilegiada, não fossem, é claro, a baixa aposentadoria, o desemprego que aumenta com a idade e os gastos que crescem nos cuidados com a saúde.

Mas as chances hoje são maiores que vinte anos atrás. Uma das novidades é a substituição do conceito de doença pelo de incapacidade em desempenhar suas tarefas do dia-a-dia. Ninguém é doente só porque tem hipertensão, mas pode ficar doente rapidamente se não for ajudado a cuidar de si próprio, se não puder mais fazer suas compras, preparar sua comida e tomar seus remédios. Muitos ficam doentes porque estão deprimidos, mal que pode atingir metade das pessoas idosas. Uma vez doente, o caminho é o hospital, de onde será cada vez mais difícil sair.

A proposta, justamente, é cortar esse ciclo. Quem chegou aos 60 em forma para realizar suas tarefas — mesmo que tenha uma ou mais doenças crônicas — tem tudo para continuar tirando proveito da vida por mais algumas décadas.

Aqueles que já apresentam problemas de saúde que limitam suas atividades podem reverter esse quadro ou pelo menos impedir que ele se agrave.

A receita para isso é conhecida: caminhadas diárias, mesmo que a pequenos passos, conversas com amigos, bom humor, contato com os fatos, com as notícias, com os mais jovens. Muitos podem dizer que não têm interesse pela vida, mas também esse interesse pode ser despertado.

Há outras mudanças que podem melhorar a qualidade de vida do idoso, mesmo daqueles que apresentam doenças e necessitam de ajuda. Uma tendência muito presente na Europa e nos Estados Unidos são os cuidados em domicílio. O termo usado é *homecare*. O paciente idoso é cuidado e medicado em casa, ao lado de seus familiares. Essa prática vem melhorando a qualidade de vida dos idosos e reduzindo as internações e os gastos com saúde. Hospital e asilo devem ser evitados.

Um fator que considero fundamental para conservar a saúde e a vontade de viver é a alimentação. Fico à vontade para falar sobre esse assunto porque a nutrição humana é a minha área de especialização, na qual trabalho há muitos anos. Os números que recolhemos de vários estudos realizados nos últimos anos mostram quadro preocupante. Estima-se que mais de um milhão e trezentos mil idosos apresentem quadro de desnutrição, e que 15% da população com mais de 60 anos consuma menos de 1.000 calorias por dia. Um adulto jovem consome em média 2.000. Por outro lado, quase a metade dos idosos está acima do peso, o que significa que apenas uma minoria dessa população está recebendo alimentação adequada.

Comida, é claro, depende de renda para adquiri-la. Mas alguns cuidados podem ser adotados melhorando a qualidade da alimentação dos idosos sem aumentar os gastos da família. É um desafio que está colocado para toda a sociedade, pois a saúde dos idosos interfere diretamente no bem-estar das famílias, nos serviços públicos de saúde e na qualidade de vida das novas gerações.

É importante compreender as perdas naturais devidas ao processo de envelhecimento e adaptar as atividades e a alimentação a essa nova fase. Por exemplo, é natural que ocorram mudanças no paladar, com diminuição da sensibilidade para o doce e o salgado. A falta de dentes e maior secreção salivar diminuem a capacidade de mastigar e deglutir o alimento. É comum queda do apetite, especialmente para idosos que vivem sozinhos e passam a preferir salgadinhos e guloseimas, que não fazem bem.

A receita é um melhor cozimento e o corte dos alimentos em pedaços menores. Pratos mais variados, coloridos e bem temperados despertam o apetite. Maior quantidade de fibras melhora a motilidade do intestino, evitando a constipação. Comidas gordurosas devem ser substituídas por carnes magras. Com a idade e redução das atividades, o organismo não queima tantas calorias.

O envelhecimento é um processo influenciado por múltiplos fatores: herança genética, estresse, estado socioeconômico, meio ambiente, enfermidades e os próprios eventos da vida. Por isso mesmo, pessoas com a mesma idade podem ter envelhecimento funcional e fisiológico diferenciados.

Na prática, esse quadro torna difícil saber quais as necessidades nutricionais de cada idoso, se precisa de mais nutrientes e quais as vitaminas e minerais de que necessita, quanto deve consumir de proteínas etc.

Uma das soluções, que venho defendendo a partir de uma série de estudos, é a incorporação de formulações balanceadas aos pratos do dia-a-dia do idoso. São compostos alimentares à base de proteínas vegetais capazes de repor ou completar aquilo que o organismo está recebendo em déficit.

As formulações balanceadas são uma nova conquista para o bem-estar e a saúde do idoso. Auxiliado por essas fórmulas, ele terá forças e entusiasmo para ir à feira, escolher seus alimentos e preparar seus próprios pratos.

Vai se sentir uma pessoa mais forte e feliz.

29

Insônia: pequenos cuidados para garantir uma noite tranqüila

As atividades durante o dia interferem diretamente no "relógio" interno, que regula seu sono e sua vigília

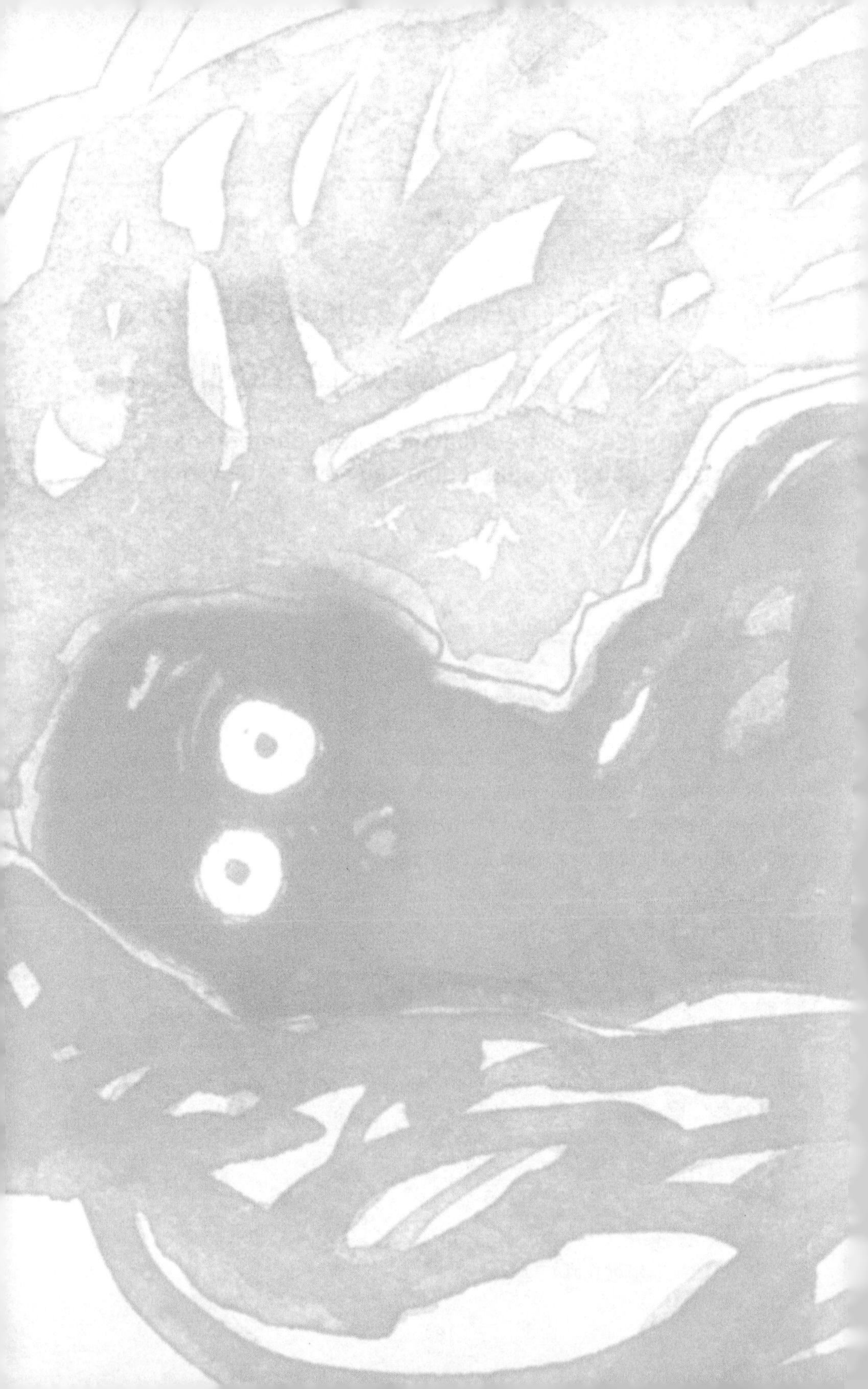

Quando o corpo está pedindo descanso e a alma está querendo repouso, nada melhor que um lençol cheiroso e um par de travesseiros aconchegantes. Enfiar a cabeça no macio, apagar as luzes, esquecer o telefone e os problemas, deixar-se carregar pelos bons sonhos.

É o sono das crianças e dos adolescentes, que festejam a vida. O corpo se cansa e o sono chega, como se tudo estivesse combinado. E está mesmo. As crianças e os jovens dormem o sono dos deuses, o sono que merecem, como costumamos dizer.

A regra não vale para todos. A insônia, que é a dificuldade de pegar no sono ou mantê-lo durante o tempo necessário, pode ocorrer em qualquer idade. É comum ouvir pessoas dizerem que precisam de oito horas de sono, enquanto outras afirmam que se sentem bem com apenas cinco. A medida da real necessidade do sono está na qualidade de vida da própria pessoa: relatos de fadiga, irritação excessiva, falta de apetite, ansiedade são reveladores de que o sono não está sendo suficiente.

A tendência é que pessoas com mais idade necessitem de número menor de horas de sono. Enquanto algumas crianças e adolescentes chegam a dormir até quinze horas por noite, alguém com mais de 60 anos pode se contentar com seis horas.

Os especialistas afirmam que a insônia pode ser causada tanto por ansiedade quanto por depressão, quadros clínicos que precisam de tratamento adequado. É necessário considerar que eventuais alterações no sono não configuram quadro de insônia: os médicos consideram que um período ininterrupto de no mínimo três meses indica caso a ser tratado.

Para muita gente, a insônia segue um círculo vicioso: após uma noite maldormida, vem um dia pouco produtivo e cansativo. Essa fadiga vai agir como alimentador da insônia da noite, em processo esgotante. A pessoa passa a se alimentar de forma irregular, tem dificuldade de concentração e atenção e perde a paciência com mais freqüência.

O Conselho para um Sono Melhor — instituição norte-americana — diz que a maneira como você passa o dia tem muito que ver com o sono que terá à noite. Parece óbvio, mas vale ouvir o que eles dizem: o corpo segue um ciclo de vinte e quatro horas de vigília e sono, o que é conhecido como ritmo circadiano. As atividades durante o dia, o que você come e bebe e como sua cabeça se agita interferem diretamente no "relógio" interno, que regula seu sono e sua vigília.

Uma das mais recentes discussões nos meios médicos refere-se ao hormônio melatonina e sua relação direta com o ciclo do sono. Pode estar aí um caminho para ajudar os insones, mas a questão ainda é polêmica.

O sono é fundamental para conservar a boa saúde, pois o repouso adequado é reparador, mantém a mente e o corpo ativos e capazes para lidar com desafios e doenças.

As sugestões que listaremos abaixo servem de guia para aqueles que se enquadram dentro dos incômodos normais de uma alteração passageira do sono. Aqueles que sofrem de distúrbios mais sérios, durante muito tempo, precisam da orientação de profissionais da área.

Bebida, comida, fumo e remédios

Os insones pagam preço dobrado pelo sono que não vem, pois precisam se privar de uma série de coisas que fazem parte da noite de muitos de nós. Por exemplo, é aconselhável evitar café, chá preto, chocolate, guaraná, refrigerantes à base de coca nas quatro ou cinco horas antes de dormir. Eles contêm cafeína e outras xantinas que excitam o sistema nervoso, tornando o sono superficial e fragmentado. Esses efeitos são mais marcantes nas crianças, que devem evitar todos esses produtos à noite.

Seja moderado: não vá para a cama com fome nem depois de comer feijoada ou um suculento filé. Nos dois casos, seu organismo ficará agitado e prejudicará o sono.

Os remédios também influem bastante no sono. Medicamentos para induzir o sono, ou para evitar a sonolência durante o dia, quando tomados sem orientação médica, podem provocar séria confusão entre o dia e a noite. Converse com seu médico sobre possíveis opções.

Quem fuma tem outro desafio, pois a nicotina produz diversos efeitos sobre o sistema nervoso. Algumas pessoas acreditam que o cigarro acalma, e fumam à noite para se tranqüilizar. É bem ao contrário, pois a nicotina é prejudicial ao sono.

Outra tentação enganadora: as bebidas alcoólicas. Ao contrário da crença geral, o álcool não favorece o sono. Uma dose de álcool pode ajudar uma pessoa tensa a relaxar e adormecer, mas o sono que se segue não será normal. Se beber acima das medidas será pior ainda. A respiração fica prejudicada, surgem roncos, sonhos desagradáveis, contínuo despertar em que você não saberá onde está.

Leite, sopinhas e exercícios

Depois de listar tudo o que transforma sua noite num pesadelo, vamos lembrar algumas dicas que podem colaborar para um sono tranqüilo.

Antes de deitar, tome um copo de leite morno, mesmo que aquecido no microondas. Especialistas nessa questão demonstraram que o leite é rico em triptofano, aminoácido precursor da serotonina, substância envolvida no processo do sono.

Faça refeições leves à noite. A partir dos 16 anos de idade, a capacidade digestiva tende a diminuir, e aos 50, 60, a redução é bastante sensível. O alimento não digerido vai permanecer no intestino mais tempo do que deveria, provocando distensão do abdome, dificultando a respiração, causando roncos, apnéias e palpitações. Sabiamente, as pessoas com idade mais avançada vão preferindo naturalmente comidas mais leves à noite, o que é muito bom.

Os exercícios são fundamentais em qualquer idade. Os atletas, por exemplo, têm sono mais profundo que a média das pessoas. Mas se você limitar um único dia da semana ao exercício, pode ter dificuldade para dormir. Logo, a rotina e a continuidade são importantes.

Observe também o horário dos exercícios. Praticá-los antes de dormir é espantar o sono. O melhor período para exercícios seria até seis horas antes de deitar-se.

Sugestões para um sono tranqüilo

O sono é um estado vital bastante complexo, que depende muito das atividades que praticamos durante o dia. Acreditar que o sono é um estado mágico que se aproxima e toma conta de nós no fim do dia é uma ilusão. Os insones sabem bem disso. Portanto, o cultivo do sono e os efeitos de seu bem-estar dependem de uma série de cuidados. Ele deve ser embalado como fazemos com as crianças. Do contrário, pagamos caro no dia seguinte. E mais caro ainda no balanço da nossa saúde. Nada de culpabilizar ou martirizar os insones, pois eles são os que mais convivem e sofrem com a noite e a insônia. Para uns e para outros, listamos algumas dicas que podem ajudar:

- Comece pelo dia: faça exercícios regularmente, respire ar puro, tente seguir uma rotina regular reservando horários para o lazer.
- Procure definir um horário para deitar e acordar. Seu organismo irá aos poucos se acostumando com esse relógio biológico.
- Mantenha o quarto bem arejado, aquecido, silencioso e escuro. Se você mora numa cidade grande, observe se o ruído não está perturbando seu sono. Se for o caso, providencie tampões de ouvido ou uma janela anti-ruído.

- Verifique se a cama e o colchão são confortáveis para o seu corpo.
- Procure reservar um tempo para se descontrair antes de dormir. Tome um banho quente, mesmo que seja de chuveiro, e selecione sua música preferida.
- Não consuma substâncias estimulantes como coca-cola, chá mate, chá preto após as dezoito horas, nem bebidas alcoólicas antes de dormir.
- Procure fazer refeições leves no jantar.
- Evite colocar televisão no quarto e desligue-a pelo menos uma hora antes de se deitar. Evite também as atividades que não relaxam, como a leitura de livros de suspense.
- Tente dormir e acordar regularmente e use o quarto só para repouso. Permanecer na cama, nervoso porque não está conseguindo dormir, espanta mais o sono. Quando o sono não chega, levante-se, ande pela casa, leia algo relaxante.
- Os que lutam anos e anos contra a insônia precisam passar por uma consulta ao neurologista para correto diagnóstico e tratamento.
- De todo modo, as dicas acima valem para todos.

Há uma série de outros recursos que podem apressar seu sono, como as drogas hipnóticas e indutoras do sono. Elas podem ser adequadas em determinados momentos de sua vida, mas podem criar dependência, e só devem ser tomadas com acompanhamento médico.

As receitas alternativas ajudam bastante, e nenhum mal fazem. Desde um copo de leite morno com uma colher de mel, plantas medicinais como infusões de camomila, de passiflora ou flor de limeira, até massagens relaxantes. Para os que procuram fugir das drogas químicas, a homeopatia oferece uma série de poções que podem ajudar na recuperação do sono. Se você preferir esse caminho, procure um médico homeopata.

Para terminar: não veja a noite como inimiga. Mesmo que você já tenha padecido com muitas jornadas insones, tente ver o escurecer como momento que lhe dá direito ao descanso. Não tenha pressa de pegar no sono. Arrume tempo para deitar, ouvir sua música preferida, os sons da rua vizinha. Não cobre nada, nem tenha pressa de nada. Você verá que assim ficará mais leve e mais facilmente será levado pelo sono.

30

Relaxe, é tempo de férias

Dar-se o direito de não fazer nada é difícil para nós, porque fomos ensinados a trabalhar, não a descansar

Janeiro, sol quente, poucas notícias nos jornais, nenhuma preocupação na cabeça e muitos projetos no coração. É tempo de férias. A expectativa é tanta que não queremos perder minuto algum, por isso temos que fazer a escolha certa, não podemos errar.

Não importa se você está lendo este capítulo em dezembro, maio, julho ou outubro. O fato é que todos nós temos um período de férias por ano, bem merecidas, aliás. E preparar o corpo e o espírito para as férias é tão importante quanto reservar hotel ou combinar com um parente no interior do Estado. As férias são uma espécie de recarregador de baterias para o resto do ano, por isso merecem cuidado especial.

O primeiro desses cuidados: não pense que passar da correria do ano inteiro para um período de descanso total seja assim tão fácil. A maioria de nós está mais preparada para trabalhar, agir, resolver. Relaxar, esticar o corpo na areia, sentar com os amigos, pendurar uma rede e ficar olhando as montanhas acabam sendo tarefas desafiadoras.

Dar-se o direito de não fazer nada é difícil para nós. Fomos ensinados a trabalhar, não a descansar. Muitos médicos já diagnosticaram o que chamam de "síndrome das férias". Depois de meses sem parar, a pessoa cai doente assim que se sente desobrigada a correr de um lado para outro. O organismo se dá o direito de adoecer. A síndrome aparece também no final das férias.

O corpo, acostumado a manter-se estirado como a corda de um arco, relaxa de uma vez e vai se ressentir quando tiver de retomar a correria do cotidiano.

Empresas que dedicam maior atenção a seus profissionais sugerem distensão gradual, que se inicia alguns dias antes das férias, e retomada mais lenta, que considera uma semana de readaptação na volta ao trabalho. Choques "térmicos" entre correria e folga acabam quebrando o lado mais vulnerável de nós todos: o organismo.

O corpo é um termômetro da alma

O corpo é um termômetro muito sensível ao que se passa no nosso universo emocional. É ele quem dá o alarme. Se represamos muito os nossos sentimentos, se não aprendemos a dizer "não", nem nos damos o direito de ter nossos espaços, o dique vai se romper em nosso organismo. Nosso sufoco e infelicidade podem escapar em forma de doenças. Boa parte das enfermidades tem origem psicossomática, ou seja, brota no corpo quando a alma e a cabeça não estão bem.

Minha especialidade é a nutrição, mas, como os alimentos do corpo também nutrem a alma, sinto-me à vontade para dividir com vocês essas questões.

Primeiro, algumas dicas práticas com relação à saída de férias. Quem vai viajar grandes distâncias deve prestar atenção a detalhes que podem interferir no bem-estar. Se o seu destino for o litoral, ou qualquer outro caminho disputado nessa época do ano, lembre-se de que pode passar horas preso em engarrafamentos.

Não confie em se abastecer nos postos de beira de estrada. Você, sua família e seus amigos podem ficar entalados em engarrafamentos durante horas, longe de qualquer balcão de lanchonete. Por isso leve uma boa reserva de água, se possível resfriada e conservada em alguma embalagem térmica. Se você estiver levando crianças, essa recomendação se torna fundamental.

Prepare também alguns sanduíches leves. O estômago vazio acaba provocando irritação, e a viagem corre o risco de terminar em mau humor.

Se estiver viajando de ônibus, os cuidados não são muito diferentes. As viagens longas prevêem paradas de três em três horas. O problema é que os restaurantes e lanchonetes do caminho nem sempre são confiáveis. Evite as comidas com muita gordura e aquelas que se deterioram muito rapidamente, como as maioneses.

Quem viaja de avião tem a bordo um serviço que inclui bebidas e comidas. Uma regra vale para todas as viagens, seja na terra, no ar ou no mar: o que você come e bebe é sempre apresentado como um prazer, mas para parte das pessoas a digestão pode se transformar em desconforto que não compensa a satisfação.

Só você conhece o "humor" de seu organismo, então procure respeitá-lo. Há pessoas que têm formações de gases bastante incômodas quando ingerem grãos, como feijão, ervilha e grão-de-bico. Associados a bebidas com gases, como cervejas ou refrigerantes, resultam em "combustão" nada agradável. Imagine você numa situação dessas, encolhida na fileira do meio de um apertado avião qualquer, com seus parceiros de viagem roncando, sem espaço para sair e ir ao banheiro, ou dar uma caminhada pelo corredor.

Querido diário

O que eu recomendo é a parcimônia em qualquer viagem. Se você é daqueles com tendências a enjôos, e a viagem durar poucas horas, procure limitar-se a água sem gás. Dispense qualquer outra coisa. Se o trajeto for longo, afaste as combinações perigosas, não tome bebidas alcoólicas em excesso, nem se comporte como se estivesse numa festa.

Para aqueles que costumam sentir enjôos nas viagens, os médicos dizem que os antieméticos como o Plasil ainda são o melhor remédio. Vão relaxar você e deixar seu estômago em paz. Mas se você é o motorista, a recomendação não vale. Um Plasil pode provocar sonolência e colocar todos em risco.

Para todos os meios de transporte, o que vale é o estado de espírito. Você está em férias; aproveite para esquecer os engarrafamentos, os temores de assaltos e os horários apertados do dia-a-dia. Preste atenção à sua volta, e vai descobrir cores e movimentos que antes não percebia. Você merece estar bem, se sentir bonito, sonhador. Há quem goste de carregar um pequeno caderno de viagem e anotar os fatos do dia, como nos tempos em que escrevíamos nossos diários. "Querido diário, hoje estive numa praia que me fazia lembrar..." Há aqueles que fotografam tudo, que filmam qualquer movimento.

O que conta é revigorar as energias. Pouco importa se você está no Caribe, em Seichelles, em Paris ou nas Bahamas. Ou no sitiozinho do tio, encravado numa montanha qualquer. O termômetro da felicidade está dentro de nós. Se você pode sentir falta de uma sinfônica de Viena, ou da voz chorosa de Fábio Júnior, basta carregar uns CDs e plugar o fone no ouvido. E viajar.

31

A harmonia entre o corpo e a alma é fundamental

Veja o que seu coração diz e o que seu corpo revela. Balança e espelho nem sempre se entendem, mas são bons termômetros

O verão é a estação em que as pessoas mais prestam atenção a seus corpos. Os homens, menos cobrados em suas formas, procuram na gaveta o calção de banho do ano passado. Nós, mulheres, já percorremos com os olhos as vitrines de biquínis ao longo dos últimos meses. O que foi bonito e combinou no ano passado já não nos interessa mais. Queremos um corpo novo.

Olhamos no espelho, conferimos a balança. Tudo bem uns quilinhos a mais durante o inverno. Mas no verão, na passarela na qual se transformam as praias e piscinas, as gordurinhas incomodam. Levar para a viagem um corpo do qual não estamos gostando vira um sofrimento.

O que estou propondo é uma conversa franca sobre nossas formas e nossas emoções, porque um entendimento entre corpo e alma é fundamental. Pesquisas conduzidas por equipes de instituições como a Universidade de São Paulo, a USP, revelaram que boa parte das mulheres se sentia gorda quando não era. Os homens, ao contrário, mesmo estando acima do peso, achavam que estavam bem e que nada precisavam mudar em seu cotidiano.

O perigo mora dos dois lados. Mulheres que estão dentro do peso, mas se acham obesas, correm o risco de adotar regimes pobres demais que acabam trazendo problemas de saúde. Do outro lado estão muitos homens que, apesar de estarem acima do peso, acham que não necessitam reduzir o consumo de gorduras, nem medir o tamanho dos pratos. Em ambos os casos, a alimentação inadequada pode trazer ou agravar problemas de saúde que costumam aparecer com a idade, como as enfermidades cardiovasculares e o diabetes.

Há mais de duas décadas pesquiso a relação entre comida e saúde. Por isso minha preocupação está voltada para o organismo como um todo, incluindo aqui corpo e alma. Há pessoas que se sentem gordas na cabeça, na imaginação, quando seu corpo está apenas com poucos quilos a mais do que seria desejado.

Minha primeira recomendação é esta: procure ver o que seu coração diz e o que seu corpo revela, de fato. Balança e espelho nem sempre se entendem, mas são bons termômetros.

Você pode se perguntar qual a fórmula para saber se está dentro ou acima do peso. Existe uma, que pode ser considerada simples, mas que é adotada em todo mundo: é o Índice de Massa Corpórea (IMC), cujo cálculo é bastante simples: multiplique sua altura por ela mesma e divida seu peso por esse resultado.

Exemplo: uma pessoa com 84 quilos e 1,80 m de altura deverá multiplicar 1,80 por 1,80 (o que dará 3,24) e dividir 84 (seu peso) por esse valor (3,24). O IMC dessa pessoa será 25,9. O significado desse resultado pode ser conferido numa tabela que você encontrará na página 26 deste livro. Minha sugestão é que você adote os parâmetros do IMC como referência, mas não sofra com eles. Se você está acima muito acima do peso, vamos lidar com esse fato com serenidade. Não estou aqui julgando apenas a angústia que os quilos a mais trazem para qualquer um de nós. Estou falando também em saúde. Uma pessoa acima do peso está sujeita a uma série de outros problemas, como colesterol alto, riscos cardíacos, sem falar na possibilidade de diabetes e doenças como osteoporose e tantas outras.

Reduzir a quantidade de alimentos ingeridos pode ser solução, mas é preciso tomar cuidado. Tentar emagrecer a qualquer custo pode resultar na chamada "fome oculta", problema que vem atingindo milhares de pessoas que se esforçam para emagrecer. Na ânsia de perder peso, essas pessoas acabam não consumindo uma série de alimentos fundamentais ao organismo, deixando de lado micronutrientes indispensáveis para o fortalecimento do sistema imunológico. Emagrecem, mas acabam doentes.

A solução ideal não é fácil. Minha equipe na Esalq vem trabalhando há quase duas décadas na busca de respostas para essas questões.

A pergunta é sempre a mesma: como perder peso, evitando assim uma série de doenças, sem afetar o organismo, nem o prazer que a comida oferece? Abdicar do sabor dos alimentos é aceitar uma vida de meias alegrias.

Foi a partir dessas considerações que eu e minha equipe passamos a estudar formas de perder peso sem perder a saúde, nem o prazer. Chegamos a uma formulação combinada com proteínas vegetais extraídas da castanha de caju, da aveia, da soja, do gergelim, do germe de trigo e da uva passa.

Partimos de um princípio que considero fundamental: para se perder peso ou ganhar, quando for o caso, o caminho não está em substituir a alimentação por soluções como pílulas ou *shakes*. Elas podem até provocar o efeito desejado em curto espaço de tempo, mas não irão mudar seus hábitos alimentares e ainda poderão colocar sua saúde em risco.

Desses estudos nasceu um termo que hoje é empregado comumente na mídia e foi adotado, muitas vezes erroneamente, pelo mercado de produtos para emagrecimento: a "reeducação alimentar".

Trata-se de um conceito aparentemente simples, mas que exige alguns conhecimentos e, no início, certa disciplina. Reeducar sua forma de comer, na verdade, consiste em adotar no dia-a-dia novas práticas e receitas que promovam mudança no conjunto de sua alimentação de forma paulatina.

Por exemplo, para quem passou a vida sem comer frutas, verduras e legumes, terá que encontrar alguma motivação para incluí-los no cardápio diário. Um tempero saboroso pode ser a solução. Em pouco tempo, você sentirá falta das saladas se não estiverem presentes no seu almoço e jantar.

Isso vale também para os carboidratos, os cereais e as carnes magras. Seu organismo vai se acostumar a apreciá-los, e a comida saudável, de que tanto se fala, passará a ser ingerida com prazer.

Partindo desses princípios, direcionamos nossas pesquisas para um composto que pudesse ser adicionado aos pratos do dia-a-dia, não para substituí-los por algo que pouco tivesse que ver com comida. A fórmula ficou pronta nos anos 80 e foi comercializada, por muitos anos, apenas pela farmácia da Universidade de São Paulo, na Cidade Universitária, em São Paulo.

O produto, que ficou conhecido com o nome de Sanavita, vem sendo considerado uma revolução em todos os conceitos preconizados nas últimas décadas sobre perda de peso e reeducação alimentar. Seu uso é bastante simples: certa quantidade desse composto, com uva passa, é adicionada a frutas, iogurtes ou leite desnatado no café da manhã. Outras tantas colheres do Sanavita são adicionadas ao prato do almoço, que poderá ser massa ou mesmo porção de arroz com salada. No jantar, a fórmula pode ser repetida, ou enriquecida por estrogonofe de frango ou mesmo peixe. No intervalo das refeições, consumir sempre uma fruta.

A fórmula foi estudada para que a pessoa consuma cerca de 1.200 calorias por dia, mas de forma que seu organismo seja alimentado com todos os nutrientes, sais e vitaminas necessários. Vale lembrar que refeições normais somam cerca de 2.500 a 3.000 calorias. Reunimos relatos de pacientes ao longo de anos, e a grande maioria relatou perda de peso significativa sem sofrer com a fome.

O mais importante é que as pessoas mudaram seus hábitos alimentares. Passaram a gostar mais de frutas, legumes e verduras, e assim a consumir mais fibras, vindo também a apreciar mais as carnes brancas. Quando atingiram o peso que desejavam, mantiveram os novos hábitos alimentares, mantendo o composto apenas no café da manhã. Ou voltando às receitas quando ganhavam alguns quilos no inverno ou durante as viagens.

O mesmo princípio foi estudado para aquelas pessoas que não conseguiam ganhar peso, seja porque se alimentavam de forma errada, queimavam calorias em excesso ou estavam adoentadas. O produto, com o nome de Suprinutri, está à disposição das pessoas idosas, e em breve estará pronta uma formulação para crianças.

Como pesquisadora de uma universidade, sinto-me no dever de sugerir o conceito alimentar que considero mais adequado e no qual mais acredito, pois as pesquisas em laboratório e os relatos dos pacientes estão confirmando minhas teses.

Na fase atual, os produtos estão sendo submetidos a ensaios clínicos com grupos de pacientes que estão acima do peso e outro grupo que não consegue ganhar peso (são protocolos científicos), com participação de centros médicos e universitários.

Um desses ensaios clínicos, patrocinado pela Fugesp — Fundação para o Estudo da Gastroenterologia e da Nutrição de São Paulo —, acaba de ser concluído com idosos moradores de um asilo em Piracicaba. Os resultados, que apontam para melhora significativa na qualidade de vida desses pacientes, serão publicados em breve.

Outros estudos com pessoas que estão acima do peso e não conseguem reduzir o colesterol devem ser feitos em seguida com pacientes de várias instituições.

Os resultados desses trabalhos poderão indicar o melhor caminho para uma combinação entre compostos suplementares, reeducação alimentar, perda de peso e melhora da saúde.

Nesse universo disputado por barbatanas de tubarão, *shakes*, comprimidos e sopas mágicas é preciso redobrar os cuidados. Quem promete emagrecimento rápido, esta ou aquela felicidade, deve antes provar com pesquisas, ensaios clínicos e protocolos científicos o que está anunciando.

Bibliografia

ALBERTAZZI, P. *et al. The effect of dietary soy supplementation on hot flushes.* Obstet. Gynecol., v. 91, p. 6-11, 1998.

ANDERSON, J. W. *et al. Meta-analysis of the effects of soy protein intake on serum lipids.* New Engl. J. Med., v. 333, p. 276-282, 1995.

BAKHIT, R. M. *et al. Intake of 25 g of soybean protein with or without soybean fiber alters plasma lipids in men with elevated cholesterol concentration.* J. Nutr., v. 124, p. 213, 1994.

BLOCK, G. *et al. Fruit, vegetables and cancer prevention: a review of the epidemiological evidence.* Nutr. Cancer, v. 18, p. 1-29, 1992.

CLINTON, S. K. *Lycopene: chemistry, biology and implications for human health and disease.* Nutr. Rev., v. 56, n. 2, p. 35-51, 1998.

CLYDESDALE, F. M. *Optimizing the diet with whole grains.* Crit. Rev. Food Sci. Nutr., v. 34, p. 453, 1994.

COMMITTEE ON DIET AND HEALTH. *Diet and Health. Implications for reducing chronic disease risk.* National Academy Press, Washington D.C., 1989.

ERDMAN, J. W. Jr & POTTER, S. M. *Soy and bone health.* The Soy Connection, v. 5, n. 2, p. 1, 4, 1997.

FRANCISCHI, M. L. P.; SALGADO, J. M.; LEITÃO, R. F. F. *Chemical, nutritional and tecnological characteristics of buckwheat and non-prolamine buckwheat flours in comparison of wheat flour.* Plant Foods for Human Nutrition, v. 46, n. 4, p. 323-329, 1994.

FRANCISCHI, M. L. P.; SALGADO, J. M.; CARVALHO. M. T. V.; DERBISHIRE, E. *Análise eletroforética da farinha de trigo sarraceno em comparação com a farinha de trigo suave.* Archivos Latinoamericanos de Nutricion, v. 44, n. 4, p. 274-276, 1994.

GARCIA, D. J. *Omega-3 long-chain PUFA nutraceuticals.* Food Tech., v. 52, n. 6, p. 44-49, 1998.

GARTNER, C. *et al. Lycopene is more biovailable from tomato paste than fresh tomatoes.* Am. J. Clin. Nutr., v. 66, p. 116-122, 1997.

GEHM, B. D. *et al. Resveratrol, a polyphenolic compound found in grapes and wine, is na agoinst for the estrogen receptor.* Proc. Natl. Acad. Sci., v. 94, p. 14138-14143, 1997.

GESTER, H. *The potential role of lycopene for human health.* J. Am. Col. Nutr., v. 16, n. 2, p. 109-126, 1997.

GIOVANNUCCI, E. L. *et al. Intake of carotenoids and retinol in relationshiop to risk of prostate cancer.* J. Natl. Cancer Inst., v. 87, p. 1767-1776, 1995.

GRAHAM. H. N. *Green tea composition, consumption and polyphenol chemistry.* Prev. Med., v. 21, p. 334-350, 1992.

HECHT, S. S. *Chemoprevention by isothiocyanates.* J. Cell. Biochem. Suppl., v. 22, p. 195-209, 1995.

HOET, J. J. *A hope for people with diabetes.* World Health — The Magazine of the OMS, may-june : 4-5, 1991.

JANG, M. *et al. Cancer chemopreventive activity of resveratrol, a natural product derived from grapes.* Science, v. 275, p. 218-220, 1997.

JOHNSON, T. O. *Diabetes in the third world.* World Health — The Magazine of the OMS, may-june: 8-10, 1991.

KANNER, J. *et al. Natural antioxidants in grapes and wines.* J. Agric. Food Chem., v. 42, p. 64-69, 1994.

MICHNOVICZ, J. J. & BRADLOW, H. L. *Altered estrogen metabolism and excretion in humans following consumption of indole carbinol.* Nutr. Cancer, v. 16, p. 59-66, 1991.

NAKACHI, K. *et al. Influence of drinking greem tea on breast cancer malignancy among Japanese patients.* Jap. J. Cancer Res., v. 89, p. 254-261, 1998.

NGUYEN, M. L. & SCHWARTZ, S. J. *Lycopene: chemical and biological properties.* Food Tech., v. 53, n. 2, p. 38-45, 1999.

POTTER, S. M. *et al. Depression of plasma cholesterol in men by consumption of baked products containing soy protein.* Am. J. Clin. Nutr., v. 58. p. 501, 1993.

RIAZ, M. N. *Soybean as functional foods.* Food Tech., v. 44, n. 2, p. 88-92, 1999.

SALGADO, J. M. *Adolescência: considerações gerais.* In: SALGADO, J. M. & CANNIATTI-BRAZACA, S. G. *Nutrição Humana: da gestação à senilidade.* Piracicaba, Fealq, p. 235-49, 1995.

SALGADO, J. M. *Alimentação do idoso.* In: SALGADO, J. M. & CANNIATTI-BRAZACA, S. G. *Nutrição Humana: da gestação à senilidade.* Piracicaba, Fealq, p. 321-9, 1995.

SALGADO, J. M. *Alimentação do pré-escolar e do escolar — reflexos na vida adulta.* Piracicaba, SP, p. 160, 1990.

SALGADO, J. M. *Interface: Nutrição X Agricultura. Fontes não convencionais de proteína.* Piracicaba, Degaspari, p. 251, 1989.

SALGADO, J. M. & CANNIATTI-BRAZACA, S. G. *Alimentação da gestante e da criança no primeiro ano de vida.* Piracicaba, Fealq, p. 68, 1989.

SALGADO, J. M. & CANNIATTI-BRAZACA. S. G. *Dietas especiais: matérias primas, utilização e o papel da indústria de alimentos.* Cadernos de Nutrição, v. 6, suplemento p. 7-10, 1993.

SALGADO, J. M. & CANNIATTI-BRAZACA, S.G. *Nutrição Humana: da gestação à senilidade.* Piracicaba, Fealq, agosto, p. 339, 1995.

SALGADO, J. M. & CHIEUS, C. M. M. *Estudo da semente de gergelim. I. Métodos para obtenção da farinha branca comestível. 2. Emprego da farinha de gergelim em misturas protéicas.* Archivos Latinoamericanos de Nutricion. 38(2):306-311, junio II, 1988.

SALGADO, J. M & CHIEUS, E. *Utilização do girassol* (Helianthus annus, L.) *na alimentação humana. I. Obtenção da farinha de girassol, concentrado protéico e complementação dessa farinha com aminoácidos lisina e metionina.* Archivos Latinoamericanos de Nutricion. 38(2): 288-296. jun., 1988.

SRIVASTAVA. K. C. *et al. Garlic* (Allium sativum) *for disease prevention.* S. Afr. J. Sci., v. 91, p. 68-77, 1995.

STAHL, W. & SIES, H. *Uptake of lycopene and its geometrical isomers is greater from heat-processes than from unprocesses tomato juice in humans.* J. Nutr., v. 122, p. 2161-2166, 1992.

STEINMETZ, K. A. & POTTER. J. D. *Vegetables, fruit and cancer* II. *Mechanisms.* Cancer Causes Control, v. 2, p. 427-442, 1991.

STEINMETZ, K. A. & POTTER, J. D. *Vegetables, fruit and cancer prevention: a review.* J. Am. Dietet. Assoc., v. 96, p. 1027-1039, 1996.

THOMPSON, L. U. *Antioxidant and hormone — mediated health benefits of whole grains.* Crit. Rev. Food Sci. Nutr., v. 34, p. 473, 1994.

VERHOEVEN, D. T. H. *et al. A review of mechanisms underlying anticarcinogenicity by brassica vegetables.* Chem. Bio. Interactions, v. 103, p. 79-129, 1997.

YOU, W-C. *et al. Diet and high risk of stomach cancer in Shandong, China.* Cancer Res., v. 48. n. 3518-3523, 1988.